In der Blütenwelt flanieren

Gedichte

Petra Dobrovolny-Mühlenbach, Michael Wies,
Helga Thomas u.v.a.

Dorante Edition

In der Blütenwelt flanieren

Gedichte

**Petra Dobrovolny-Mühlenbach,
Michael Wies,
Helga Thomas u.v.a.**

Bibliografische Information durch die Deutsche Nationalbibliothek: Die
Deutsche Nationalbibliothek verzeichnet diese Publikation in der Deut-
schen Nationalbibliografie; detaillierte bibliografische Daten sind im In-
ternet über http://dnb.d-nb.de abrufbar.

herausgegeben durch das Literaturpodium, Dorante Edition
Berlin 2019, www.literaturpodium.de
ISBN: 9783749410194

Foto auf der Vorderseite: Marko Ferst; Kassel, Rosenhang

Druck und Herstellung: BoD – Books on Demand, Norderstedt

Angela Hilde Timm

Sonntagmorgen

Sonntagmorgen
Blätterrauschen
und meine Sinne lauschen.

Froh und dankbar
für das Leben
für die Farben
für den Duft
für die Tiere, die sich rings rum regen
und für die Vögel in der Luft, -
für die Klänge, für das Rauschen.

Sonntagmorgen - Schöpfungsfeier
und mein Geist wird immer freier.
Lächelnd so im Leben stehen,
und auf Erden so den Himmel sehen:
das ist Glück!

Das ist Segen,
der um und in mich fällt
wie warmer Regen.

Angela Hilde Timm

Helmste im Blüten-Segen

Abertausende Blütenblätter
japanischer Zierkirschen
verzauberten kürzlich unsere Straßen.
Fast hörte ich sie kichern und lachen.
Sie flogen sich umspielend im Wind -
frei wie ein glückliches Kind -
bevor sie dann die Rinnsteine mit
rosa-rotem Blütenschnee bedeckten.
Ob wir wohl alle die Hälse reckten?

Nun erfüllt Weißdornblüten-Duft
die Helmster Luft.
Und Kastanienblüten-Kerzen
leuchten rosa und weiss.
Die Rhododendren-Blütenpracht
erhält einen Schönheitspreis,
von dem allein ihr Schöpfer weiß.

In Helmste ist es schön,
da blüht es um die Wette
wie an keiner anderen Stätte!
Im schönen Monat Mai
jubelt der Frühling froh: ‚Juchei!
Pfingsten haben wir wieder frei!'

6

Angela Hilde Timm

Zugeflüstert - zugewispert

Du musst dich bücken,
ohnedem wird's nicht glücken
dein Leben.

Möchtest du auch lieber schweben
zwischen Tag und Traum
und erfüllt Routine dich mit Grau'n.

Jeder muss sich schicken.
Bedenke nur in was.
Es geht um dein Leben, -
zerbrechlich wie das Glas.

Neige dich mit Respekt,
wie zu einer seltenen Blume
und es lächelt dir die Weisheit,
die uralte erfahrene Muhme.

Helga Thomas

Unruhe

Ich bin genervt
ich selber nerve mich
mit dem ewigen:
du solltest noch
du müsstest noch
du könntest doch
eigentlich...

Was eigentlich?
Was wäre wenn?
Wenn ich
(vielleicht auch Vater – Mutter– Partner)
dies und das
vielleicht auch jenes
dort und dann
getan oder nicht oder anders getan hätte?

Mutig stell ich
mich der Frage
manchmal kehrt Ruhe
ein und die nervenden Bemerkungen verstummen...
Ich seh den Sinn
und dass ein Umweg
mich sicherer zum Ziel geführt! Doch manchmal...
Trauer... Wut

Bevor die Todessonne
der Resignation am Horizont
– an deinem Horizont
zu deinem Tagesbeginn –
erscheint
such den Hoffnungsschimmer...
als kleinen Keim
als leisen Vogelton

Du kannst
immer noch
umkehren
einen anderen Weg ins Morgen
suchen oder bahnen
vielleicht öffnet sich sogar
das Tor
das lange
hinter Gedanken – Erinnerungsgestrüpp
verborgen war

Helga Thomas

Hoffnung auf Erlösung

Man hat versucht
den Vätern
das Rückgrat zu brechen

Wen wundert es
dass mir der Rücken schmerzt?

Sie haben Kinder
getötet
gestohlen
missbraucht

Wen wundert es
dass ich immer noch
den unbekannten Bruder suche
noch immer
um ihn trauere

Wenn ich wüsste
welche Wüsten zu bewässern sind…

Ich könnte endlich weinen
Tränen
wie Erlösung bringender Regen

Helga Thomas

Vergessen

Warum vergesse ich
immer wieder
was mir so wichtig ist?
Nicht das Geschehen
das Erlebnis
vergesse ich
aber die Zeit des Geschehens

Weil die Zeit unwichtig ist?
Weil es ein zeitloses Geschehen ist?
Aber ich will mich erinnern
will wissen
was davor geschah
und danach…

Ich vergaß nicht nur das Datum
ich vergaß auch den Zettel
wo ich es notiert
jetzt suche ich den Zettel…

Ist das Suchen
vielleicht viel wichtiger
als das Erinnern?

Vielleicht muss ich es
immer wieder vergessen
damit immer wieder
von neuem
der Impuls geboren wird
davon zu berichten…

Und…
vielleicht erkenne ich dann
was noch ganz Wichtiges
verborgen war
in dem Erlebnis

Ich konnte mich nicht
erinnern
weil ich *das* nie vergaß
denn ich hatte es
noch nicht erlebt

Ist vielleicht auch sonst
im vergeblichen Suchen
im Suchen ohne Finden
ein Zukunftskeim verborgen?

Helga Thomas

Ferien für zwei Stunden?

Abschied...
Keine Tränen
kein Schmerz

„Ich mache Ferien
von euch und
von meinem Alltag"
meinte ich

Durch mein alleiniges Hierbleiben
wird der fremde Ort
zu meinem

Wie werde ich mich
fühlen wenn ich
nach zwei Stunden
mich auf den Heimweg begebe?

Helga Thomas

Das göttliche Wort

Das göttliche Wort
erscheint heute
anders als vor einigen Zeiten

Du kannst es lesen
in den Formen der
Blätter Blüten
kahlen Bäumen
in ziehenden Wolken
im Fließen der Wasser

Du kannst es hören
in den Liedern der Vögel
in den ersten Sprachversuchen
kleiner Kinder
im Rauschen des Windes
des fallenden Regens

Du kannst es spüren
im Duft der Rosen
und andere Blüten
in der schmeichelnden Geste
deines Tieres

Du kannst es in Liebe kennen
im fragenden Blick
des Fremden
der dir auf deinem Weg
entgegenkommt

Du kannst es leben
in der Liebe
mit deinem Du
in der Liebe zu allem Leben

Helga Thomas

Tränen

Tränen
meine
eigenen
nicht die des Himmels
nicht die der Kinder
der anderen

Tränen
des Schmerzes
der Trauer
aber auch der
Erleichterung
Entspannung...
noch keine Freude

Träne
alle Arten gemischt
nichts mehr voneinander zu trennen
der Schmerz
die Trauer
aber auch die Erleichterung

Wenn ich es wage
die Tränen fließen zu lassen
und der erste Lichtstrahl
des heutigen Tages
sie erblickt...
ich ahne –
Hoffnung
wird dann geboren

Und dann...
kann ich die Perlentränen
der anderen
auch in Hoffnung

wandeln
und Sehnsucht

Vielleicht!

Helga Thomas

Demütigung/Demut

Wer in die Knie gezwungen wurde
kann nicht mehr niederknien
Wer den Schlag in den Nacken fürchtet
kann sich nicht mehr verneigen

Wie kann der Gedemütigte
wieder Demut erlernen?

Dein ihn-nicht-lieben-können
spiegelt seinen Hass
und die Umkehr seiner Sehnsucht

Lorena Pircher

Selbstgespräche

Ich warte
im dampfenden Schatten deiner Worte
Sie sinken vor mir auf die Knie
kalkend unter rotenden Himmeln
und ich frage mich
Wo fängt der Mensch an und
wo hört er auf
wo fängt er an im milchenen Nichts
der blutleeren Adern dieser irrenden Welten
Und wer hört ihn an zwischen Anfang und Ende
wer hört den Menschen an und wer fängt ihn auf
im Fall durch die stummen Glasfasern dieser Erden

Lorena Pircher

Elegie II

Die Blumen deiner Venen zerstauben in helle Blüten
der Mohn blutet meine Sorgen vor mir aus
Wir halten die aschene Zukunft in verglühenden Sternen
Rauch hat deine Augen verklärt
Schwarzes Wasser
sich windende Seeschlangen
der Hoffnung
der Geruch von warmen Regen
träge in sich wiegende Luft
siehst du dich selbst
Ein Lehmkörper an dem die Träume krusten
schale Wunden
ein einsames Kind an der Grenze der Zeit
das denkt
wenn du mich verlässt
und wenn du mich verlässt

dann
wird die Nacht zu hell um darin zu schlafen
dann wird der Morgen zu dunkel um Tränen in den Wolken zu
sehen
dann scheinen dunkle Monde und schwarze Sonnen
dann rauscht salzenes Wasser nur noch
um mich daran zu erinnern
was Leben heißt
auch ohne dich
und ich finde meine Augen
und ich finde meine Hände
ich lege mich in Flüsse aus Stein
ich trage meine frierenden Narben
an meinen Lügenleinen spazieren
ich wandere und weiß nur
dass
dein Gesicht
es strickt mir die Namen von Sommerblättern vor
es
gibt eine Zeit für alles
für wartende Meere und für schwarze Sonnen
für flackernde Augen und stumme Hände

es ist immer schwer geboren zu werden
im metallenen Wind

Deborah Rosen

Streit

Er setzt sich in Szene
und macht eine Szene.
Mit hochrotem Kopf
und wuscheligem Schopf.
Schöpft Luft aus der Tiefe.
Brüllt wie ein Tier.
Nimmt Anlauf wie ein Stier.
Nun ist es so weit.
Es gibt einen Streit.
Sätze werden kürzer.
Wörter sind gewürzter.
Mit scharfen Zungen
wird gerungen.
Bezwungen werden Wunden
die selbst nach Stunden
nicht überwunden
immer wieder neu
verwunden.

Deborah Rosen

Bunte Farben

Ich stehe auf
wenn es mir gefällt.
Ich putze meine Zähne,
damit mein Lächeln die Welt erhellt.
Ich trage bunte Farben
um alle Narben dieser Welt zu tarnen.
Ich gebe mir Mühe,
will Menschen warnen,
vor braunen Farben,
die so manchen Führer
der Welt,
so gut gefällt.

Ronja Traschütz

Verwandlung

In einem Labyrinth aus Dunkelheit
macht sich ein großer Sturm bereit:
Er fegt über Gänge, saust durch die Pforten,
forscht nach dem Pfad aus Tönen und Worten.
Stur eilt er fort, will die Form selbst bestimmen,
strebt danach, höchste Höhen zu erklimmen.
Doch knallt er an die Decke, gespannt wie ein Brett,
sucht hektisch einen Ausweg aus dem Spiegelkabinett.
Am strammen Wächter drängt er vorbei,
entfaltet sich draußen, kraftvoll und frei.

Ein Vogel wird munter, erhebt langsam die Schwingen,
bringt mit Bedacht seine Kehle zum Klingen.
Einsam zwitschert er auf seinem Baum,
erkundet den Horizont nur im Traum.
Er versucht, die nächsten Sekunden zu ahnen,
dabei lenkt er den Flug in bleiernen Bahnen.
Sein Ton berührt die Erde ganz sacht,
wartet vergeblich, dass ihre Seele erwacht.

Ein Wort, ein Bild, ein Tropfen nur
begibt sich auf Reisen, zieht seine Spur.
Er leuchtet durch Wände, flutet die Hallen
und hat keine Angst in die Tiefe zu fallen.
Dröhnt dort aus den Schatten - im Spiel mit dem Licht
dringt er innen und außen in jede Schicht.
Er saugt sich in Räume, zieht sich zusammen,
um gleich darauf wieder neu zu entflammen.
Er knistert und züngelt, umschmeichelt das Helle
im sprühenden Leben einer ruhenden Welle.

Die Lerche steigt auf und stürzt furchtlos hernieder,
singt durch den Wald ihre schillernden Lieder.
Wie Glocken läutet ihr Echo umher,
als Zirpen und Rauschen im Blättermeer,

entdeckt es neue Wege, in allem vernetzt,
und lebt mit der Lerche im Hier und Jetzt.
Still dringt ihre Stimme in Fels und Stein,
unbedarft und dankbar, einfach nur zu sein.

Laura Volgger

Fernweh

Mutter Erde.
Die Berge sind hoch.
Ich sterbe im Tal.
Ich schaue in den Himmel.
Das Tal gibt der Zukunft Leben.

(Falzaregopass / Hexenstein 2477 m)

Laura Volgger

Ohne Titel

Goldene Schmetterlinge
fliegen
nicht.

Laura Volgger

Über Mauern

Ich habe keine Träne.

Die Mauern sind hoch
Sie sind aus Stein
Ich weine.

Sie sitzen tief
Sie sind aus Stein
Und fressen dich von Innen auf.

Sie sind in den Köpfen
Aus Stein und wollen nicht schwinden
Keine Träne habe ich mehr.

Laura Volgger

an - ab - aus

Ich habe dich kennengelernt.

Habe dich
angesehen angelächelt
angeschrieben angesprochen
angefasst und angebetet.

Ja, ich habe mich verliebt.

Dann
abgewandt abgebrochen
abgeschlagen ausgebrochen
abgekratzt und abgeschabt.

Ich kann dich manchmal nicht mehr sehen
und das, was von dir an mir jetzt klebt.

Darum
ausgerissen ausgebrannt
ausgelacht und ausgemolken
ausgezogen ausgetauscht.

Ich hatte mich einst verliebt.

Laura Volgger

Klatschmohn

ich wurde geboren / gepflanzt,
wo wurzeln zu bäumen / land zu ozean / und wieder land wurde.

ich trennte mich von meinem parallelen ich / trennte mich
von seiner form,
indem ich das hineinwachsen
seiner wurzeln in meinen mund
verweigerte.

das mädchen, das ich auch hätte sein können –
mein leben vorgezeichnet / und mein name –
ich kenne die geschichte,
von einer frau kopiert.

die mutter versuchte zu erinnern
und löcher zu schließen
ein leben lang an

mir.

Laura Volgger

Egoismus 2.0

Sie war so konzentriert auf –
Sie war so fokussiert auf –
Sie achtete nur auf –
Sie zählte nur auf –
Sie verließ sich nur auf –
Sie war so zufrieden mit –
Sie war so glücklich mit –
Sie beschäftigte sich nur mit –
Sie unterhielt sich nur mit –
Sie verstand sich nur mit –
Sie dachte nur an –
Sie erinnerte sich nur an –
Sie glaubte nur an –
Sie erfreute sich nur an –
Sie interessierte sich ausschließlich für –
Sie begeisterte sich nur für –
Sie kämpfte nur für –
Sie war so begeistert von –
Sie sprach nur über –
Sie kümmerte sich nur um –
Sie stand nur zu –
Sie ertrank in –

sich.

Helena Donner

IHR

Wohin es auch immer es mich treibt,
IHR werdet immer bei mir sein
und wenn es nur die Erinnerung ist die bleibt.
Ihr werdet bei mir sein.
Ob als Sonne, als wärmender Strahl, als Glut,
Als Boden zu meinen Füßen, als Felsen in meiner Brandung,
Als Atemzug, als Lufthauch, als Sommersturm
IHR werdet da sein.
Ob freudig dem Licht zugewandt,
ob liebkosend von Dunkelheit umfangen,
auch im stetigen Anblick der Wellen, werde ich eure Gesichter nie
vergessen.
IHR werdet sein.
So wie ich sein werde, um den Dingen einen Fluss zu geben,
so wie Wasser eure müden Glieder nähren wird.
IHR seid.
Mehr als eine Erinnerung, mehr als nur ein Traum.
IHR
seid alles was ich brauche ...

Giovanna Leinung

Lost World

Unsichtbar geboren,
zum Sterben auserkoren,
beim kleinsten Schrei erfroren,
einsam und verloren.

In den Straßen, kargen Wänden,
trist, verspielt an Handelsständen,
die Kinder nur in Gottes Händen,
welche wir tagtäglich schänden.

Die Welt, die einst das Licht erblickte,
des Schicksals zarte Küsse schickte.

Allein die Macht zum Gelde hält
die Zerstörung einer ganzen Welt.

Lars Jendrzok

Gassenhauer der Neuzeit

Ein Knall, ein Schuss, ein Schrei in der Nacht,
es riecht nach Rauch, es dröhnt und es kracht.
Die Menschen laufen durch die Straßen,
treiben Minderheiten durch die Gassen.
Wer ist Freund und wer ist Feind?
Wer ist hier fremd und wer soll heim?
Fast egal scheint es zu sein.
Hauptsache jemand anderes trägt die Schuld.
Für alles und für nichts,
für mich und auch für sich.
Dafür das es mir schlecht und anderen besser geht.
Dafür das man hier bald gar nichts mehr versteht.
Doch wo ist nur der Sinn in all dem Hass, der Wut und der Gewalt?
Gegenüber einem anderen Menschen ohne Heimat und ohne Halt.
Der eigentlich nur so ist wie du und ich,
ein Mensch und einfach nur menschlich.

Viola Kronas

Atmosphären Zauberer

Gefühle füllen den Raum,
man merkt es oft kaum,

Gerüche füllen den Raum,
man riecht es oft kaum,

Gedanken füllen den Raum,
man denkt es oft kaum,

Geräusche füllen den Raum,
man hört es oft kaum.

Du lebst in deiner eigenen Welt,
die dir so gut gefällt.

Du füllst den Raum mit allem was wichtig ist
und würdest schwer vermisst.

Du bist die Stimmung des Raumes
und ewiglich meines Traumes.

Niemals hätte ich mich gegen dich entschieden
und dich gemieden.

Eine Atmosphäre bringst du mit hinein,
und bist unser aller Sonnenschein.

Gewidmet:
Emil Kronas (2 Jahre Trisomie 21)

Petra Dobrovolny-Mühlenbach

Hoffnung

Über Nacht hat der Schnee
die Krokusse zugedeckt:
Es ist nochmal der Winter, der neckt!
Doch die Krokusse bewahren ihren Traum,
denn bald nimmt sich der Frühling seinen Raum.

Die Vöglein künden von ihm schon lange,
damit's dir nicht soll werden bange.
Streu' ihnen nochmal Futter hin,
es wird dir danken die Amselin.
Ihr Nest ist schon fast bereit,
auch wenn es jetzt noch so schneit.

Petra Dobrovolny-Mühlenbach

Engelgeflüster 1: Deine Bestellung

Das Leben hat dir serviert,
was du bestellt hast.
Du warst verdrossen
und hast es nicht genossen,
denn: Du hattest deine Bestellung vergessen!

Nun möchtest du etwas Besseres essen!
Drum: Vergiss deine Bestellung nicht!
Dann wird dir etwas aufgetischt
was dich erfrischt.
Du wirst es geniessen
und dich nicht mehr verdriessen.

Deine Engel

Petra Dobrovolny-Mühlenbach

Engelgeflüster 2: Du bist der Meister der Regie!

Katastrophen kennst du als dein tägliches Brot
und kommst dadurch oft echt in Not!
Du beschliesst:
Das Theater hat nun ein Ende.
Wir Engel reiben uns schon vor Freude die Hände!

Das Stück ist aus,
du gehst nach Haus,
machst deine Augen zu
und findest endlich Ruh'.
Und wachst wieder auf und bist ganz heiter,
denn das Stück geht nicht mehr weiter.

Wir Engel sagen: „Willkommen, Meister,
in deinem neuen Leben
ohne Dramen und Erdbeben!
Du lässt deine innere Sonne
strahlen für alle: Welche Wonne!
Willkommen in deiner neuen Welt!
Es ist gut, wenn du sagst:
‚Der Vorhang fällt!'
Denn DU bist der Meister der Regie!
Wir bitten dich: Vergiss das nie!"

Deine Engel

Petra Dobrovolny-Mühlenbach

Engelgeflüster 3: Himmlische Post

Du hast ein Paket Inspiration bestellt.
Nun schau' nicht so verwundert in die Welt!
Mach's auf, pack's aus und mach' was draus!
An der Adresse erkennst du:
Du bist der Empfänger,
und leise ahnst du,
WER ist wohl der Absender ...?

Du greifst in das Paket hinein,
erschrickst und denkst:
„Das kann nicht sein!"
Es ist ein Füllhorn
aus Gottes ewigem Born!
Du darfst daraus schöpfen ohne Ende,
denn gesegnet sind jetzt deine Hände,
auf dass *ER* durch dich sein Werk vollende.

Deine Engel

Petra Dobrovolny-Mühlenbach

Dein Weg

Tapf, tapfer, am tapfersten
gehst du deinen Weg
über Stock und Stein
unbeirrt,
manchmal etwas verwirrt,
doch immer sicher
geführt von Engeln,
die dich nie drängeln.

An mancher Kreuzung biegst du ab,
schweifst ab,
doch immer nur zum Schein,
denn immer hält dich das Labyrinth:
Es kann nicht anders sein.

Auf deinem Weg gehst du tapfer und geschwind,
auf dass du unbeirrt zum Ziele findst:
In der Mitte deiner Lebenskreise
findst du dich selbst und wirst weise!

Petra Dobrovolny-Mühlenbach

Die Einladung der Kondore

Unser Ruf dringt heute zu deinen Ohren:
Ja, wir sind es, die Kondore!
Wir nehmen dich mit in hohe Lüfte,
es locken ferne Länder und ihre Düfte.
Steig' auf, hab Vertrauen,
die Reise wird nicht lange dauern;
und bald fühlst du dich zu Hause dort!
und schreibst: „Ich bleibe jetzt vor Ort!
Ich komm' nicht mehr zurück.
Ich finde hier mein Glück.
Ab jetzt bin ich woanders.
Tut mir leid: Ich kann nicht anders!"

Deine Kondore

Petra Dobrovolny-Mühlenbach

Zur Feier des Lebens

Du träumst einen neuen Traum,
du hörst ihm zu und lässt ihm Raum.
Es wächst weiter dein Lebensbaum
und schlägt aus mit neuen Zweigen.
Um seinen Stamm eröffnest du
einen neuen Reigen.
Die weise Eule lässt sich nieder,
Elstern, Amseln, Spechte,
Feen und Zwerge kommen auf Besuch.
Alte Freunde kommen wieder,
gemeinsam singt ihr viele Lieder,
lasst kreisen einen Krug mit Wein
zur Feier des Lebens:
Wunder dürfen sein!

Petra Dobrovolny-Mühlenbach

Neues Wunderland

Lass dich wie ein Kind schaukeln
und lass dir nichts mehr vorgaukeln:
schau hinter die Schleier,
dann kommt der Geier
und frisst auf die Illusionen
und hebt dich in neue Dimensionen.

Du hast den Schlüssel in der Hand
zu einem Land, das noch niemand fand.
Es liegt vor dir noch unbetreten,
vor Ehrfurcht möchtest du beten.
Du bist beschützt und gesegnet,
ein Engel dir begegnet.

Eine neue Stille breitet sich aus.
Auch wenn du hier noch nie warst,
spürst du, du kommst nach Haus.
Eine neue Sonne geht auf,
erfreut dein Herz mit ihren Strahlen:
Soviel Schönheit konntest du dir nicht ausmalen!

Alles ist neu,
es gibt viel zu entdecken!
Du weisst noch nicht,
was alles soll bezwecken.
Vertrau'! Denn jemand führt dich an der Hand
durch dieses neue Wunderland.

Petra Dobrovolny-Mühlenbach

Neues Leben

Deine Sorgen
sind gestorben
in der Nacht.
Nun bist du aufgewacht
an diesem wunderbaren Morgen
und fragst dich:
„Wo sind meine Sorgen?"

Du wunderst dich,
du spürst nicht mehr
ihr schweres Gewicht!
Der Sonne Schein lädt
zu neuem Leben dich ein.

An die Leichtigkeit
bist du noch nicht gewöhnt,
der Gesang der Vögel dein Herz verwöhnt,
es spürt Freude und fühlt sich geborgen
in diesem neuen Leben
ohne Sorgen.

Petra Dobrovolny-Mühlenbach

Dein Vermächtnis

Dein Durchhaltevermögen
ist dein grösstes Vermögen
auf Jahre der Dürre
folgt nun nur noch Fülle.

Und plötzlich weisst du:
Es hat sich gelohnt!
Du wirst nun noch und noch belohnt!

Viel hast du ertragen
an Schmerzen und Hohn!
Doch das gehört nun alten Tagen.
Jetzt kommt der Lohn:
Das Licht dehnt sich aus in dieser Welt!
Doch alles hattest du freiwillig gewählt,
um das Paradies zu erschaffen auf Erden.

Die Engel sagen dir Dank:
„Nun kann es werden!
Geh', ruh' dich aus,
komm' ganz und gar zu dir nach Haus!
Lass los und geniesse
die reifen Früchte im Paradiese!
Die Finsternis ist nun vorbei!"

Du hebst das Glas Wein in der Runde und sagst:
„Wir waren dabei!
Wir haben gekämpft für das Licht,
auf dass es möge bleiben ewiglich!"

Du erlebst noch solange du lebst
das, wonach du gestrebst
und dankst dir selbst,
dass du nie zurückgekrebst!

Andere gingen – manche oft zu früh – ins Licht,
und kämpften dann von der anderen Seite für dich.
Nun dankst du ihnen
und richtest aus ein Fest,
bevor du dich in Frieden niederlässt,
ohne aufzuhören ein Hüter – eine Hüterin – zu sein:
Ein Hüter – eine Hüterin – des Friedens
für gross und klein.

Und du gibst den Jungen weiter dein Vermächtnis.
Niemals geht vergessen das Zeugnis
deines Tuns im Dienste der Wahrheit!
Du siehst es gemeisselt in Stein
und Gott dankt dir für dein Sein.

.... auch im Andenken an die Tschechoslowakei
vor 50 Jahren, am 21. August 1968

Petra Dobrovolny-Mühlenbach

Liebesgeflüster am Valentinstag
für langjährige Paare

Er: „Heut' ist Valentin!
Ich muss gesteh'n: Bin immer noch von dir hin!"

Sie: „Ich weiss, da muss ich gar nicht erst fragen!
Doch du könntest es mir auch öfters sagen!
Dann sind wir beide voneinander hin
nicht zu Valentin!

Gemeinsam: „Ja, der Sturm, wenn er rüttelt,
gar manches auseinanderschüttelt!
Doch darüber scheinen Sonne, Mond und Sterne,
und eigentlich haben wir uns doch immer gerne!"

Petra Dobrovolny-Mühlenbach

Ein Weihnachtsgedicht

Werde wie das Weihnachtskind!
URVERTRAUEN
Geborgenheit entspringt.
Das ganze Universum
ist deine Göttin Mutter:
Umhüllend immer da!

DRUM:
Werde dir gewahr
in Krippe und Hütte,
unter Decke und Himmelszelt:
Du bist umsorgt und eingehüllt,
auf dass es dir an nichts fehlt.

Von Ferne
leuchten dir die Sterne.
Die Engel lächeln dir zu,
und Ochs' und Esel schauen zu.
Du schliesst deine Äuglein in
himmlischer Ruh'.

Du träumst von Königen,
die dich mit Gold beschenken,
und Hirten mit Schafen,
die dich auch bedenken.

Vor allem träumst du
deinem Lebensauftrag entgegen,
denn du willst doch
in dieser Welt etwas bewegen!
So folgst du dem damaligen
Weihnachtskinde,
auf dass mehr und mehr
LIEBE UND FRIEDEN
auf diese Welt find

Petra Dobrovolny-Mühlenbach

Zu Neujahr

Was bringt dir wohl das neue Jahr?
Dessen bist du dir noch nicht gewahr.
Über deinem Weg der Nebel liegt,
an der nächsten Kreuzung du vielleicht abbiegst.

Geh' Schritt für Schritt im Vertrauen.
Es wird wohl nicht lange dauern,
bis den Nebel verdrängt die Sonne
und dir zeigt wohin
in Freude und Wonne!

Petra Dobrovolny-Mühlenbach

Die Schlüsselblume

Pflück' dir ein paar Schlüsselblumen
und stell' sie in eine Vase.
Dann hast du vor deiner Nase
den Schlüssel zum Himmelstor.

... und wirst du einst stehen davor,
so musst du nicht kramen in deiner Tasche,
du hast ihn auch nicht verloren in deiner Asche!
Es genügt, wenn du sagst deinen Namen:
Er ist der wahre Schlüssel
zum Einlass in die Ewigkeit.
Die Engel singen: „Amen!"

Wenn du dies weisst,
so bist du jederzeit bereit
zum Einlass in die Ewigkeit.
Daran erinnert dich
jedes Jahr die Schlüsselblume
mit ihrem sonnengelben Licht!

Petra Dobrovolny-Mühlenbach

Was die Eiche dir flüstert

Halt dich fest an mir
und lass' dir neue Wurzeln schlagen!
Denn die alten gehören
vergang'nen Tagen.

Bald wird ein frisches Grün
in deinem Herzen spriessen
und nichts wird dich mehr verdriessen.

Deine Krone zum Himmel
du erhebst wie ich.
Meine Äste umarmen und trösten dich:

Werd' wieder ein Kind,
das auf Erden ein neues
Zuhause find.

Deine Eiche

Petra Dobrovolny-Mühlenbach

Was der Kolibri dir flüstert

Ich, der Kolibri, suche in Blüten den Nektar,
schau, sie bieten ihn auch dir dar!
Trink' auch du von der Süsse des Lebens,
dann weisst du: Nichts war vergebens.
All' deine Not und Müh'
hat sich gewandelt,
und nun begreifst du sie:
Von Bitterkeit in Süssigkeit.
Freu' dich an deiner neuen Heiterkeit!

Dein Kolibri

Petra Dobrovolny-Mühlenbach

Was der Adler dir flüstert

Schon oft nahm ich dich mit auf meinem Flug
und jedes Mal ich dich wieder nach Hause trug.
Setz' dich heute wieder auf meine Schwingen!
Es wird dir eine neue Perspektive bringen:
Das Labyrinth des Lebens du von oben siehst
und wie in der Mitte dein Lebensbaum spriesst.
ich setz dich dort ab,
und du staunst in Zukunft bloss:
Die Früchte fallen dir einfach in den Schoss!
Du bietest sie Passanten an,
die sind davon ganz angetan.
Dann gehst du wieder weiter
und dein Herz, es ist ganz heiter!
Schritt für Schritt gehst du mit Bedacht,
und dein inneres Kind, es lacht!

Dein Adler

Petra Dobrovolny-Mühlenbach

Was die Eule dir flüstert

Weisheit schenk' ich dir
und Augen im Dunkeln.
Siehst du die Diamanten funkeln
im Mondenschein?
Du sagst: „Das kann nicht sein!"
Doch sind es Schätze deines Herzens.
Dies ist kein Scherzen!
Sei ihr würdiger Hüter,
denn jetzt weisst du um deine Güter!

Deine Eule

Petra Dobrovolny-Mühlenbach

Was der Wind dir singt

Ich, der Wind der Veränderung
singe mein Lied dir:
Du bleibst nicht mehr lange hier!
Du wirst auf viele Reisen gehen
und viele ferne Welten sehen.
Möchtest du dann kehren zurück?
Oder woanders finden dein Glück?
Wer weiss ...
Doch zunächst freue dich am Augenblick!
Und wisse: Du bist beschützt!

Dein Freund, der Wind

Petra Dobrovolny-Mühlenbach

Lass' los und werd' ein Narr!

Lass los!
Du musst die Welt nicht mehr tragen!
Du musst auch nicht fragen,
ob du loslassen darfst.
Und wo bleibt meine Kontrolle?
O, spiel doch nicht mehr diese Rolle!

Zunächst ein Chaos entsteht:
Alles wird durcheinandergepurzelt,
dann wird alles neu verwurzelt
in höherer Ordnung.
Und zu deiner Verwunderung
war das nicht der Welt Untergang,
sondern ein neuer Anfang.

Es gibt dich noch
befreit vom Joch
Du lässt dich von Mutter Erde tragen,
vergisst deine Bedenken und deine vielen Fragen.
Für dich werden nur noch Rosen blühen.

Die sagen dir: „Vergiss deine Müh'n!
Erfreu' dich an unserem Duft
und mach' deinem Herzen Luft!
Geh' frohgemut deinen neuen Weg
auf dem kein Hindernis mehr steht.
Du hast jetzt freie Bahn
und fängst nicht mehr von vorne an!"

Reicher an Erfahrung gehst du weiter,
die Wolken sind verschwunden
und du gibst zu unumwunden:
Die Welt in dir ist heiter!

Wie der Narr im Deck des Tarot
kommst du nun den andern vor.
Du sagst ihnen:
Der Schritt ins Leere
ist eine prima Lehre
in der Schule des Vertraun's.
Nach einem Sturz
ist das Leben nicht vermurkst.
Es ordnet sich in neue Bahnen,
die du vorher nie konntest erahnen.
Du stehst auf im Licht des neuen Tags
und staunst darüber,
was da kommen mag.

Petra Dobrovolny-Mühlenbach

Wandlung

Eine Libelle hat sich auf dein Knie gesetzt
und wünscht dir: „Einen schönen Tag!
Nimm an die Veränderung,
die da kommen mag!"

Eine Fee kitzelt an deiner Nase dich.
Wach' auf, steh' auf
und wundere dich nicht:
Wandlung ist der Welten Lauf!
Davon hast du schon im Voraus geträumt.
Nun wach' auf, damit du nichts versäumst!

Petra Dobrovolny-Mühlenbach

Der Schlüssel zu deinem Herzen

Du hast den Schlüssel zu deinem Herzen verloren!
Dabei ist es dazu auserkoren
in diese Welt Licht zu bringen!
Mit deinem Willen kannst du dich vergebens dazu zwingen.
Du MUSST den Schlüssel finden!
Und mag das Schloss noch so verrostet sein:
Es ist doch DEIN Herz, hörst du: DEIN!

„Dies ist DEINE Aufgabe",
das krächzt dir Meister Rabe.

Nun hast du den Schlüssel, drum
drehst du ihn nun langsam um.
Deine Liebe taucht das Schloss in Schmiere,
auf dass der Engel jubiliere!
Denn nun drängt in die Welt mehr Licht!
Und Meister Rabe krächzt: „Gratuliere! Endlich!"

Petra Dobrovolny-Mühlenbach

Paradies auf Erden

Die Göttin war immer schon da!
Nun öffnest du dich ihr:
Zur Schöpfung, zum Reichtum:

So fruchtbar
an Fülle, Freude, Liebe ...
und Wunder werden wahr!

Du kannst es kaum greifen
mit nur zwei Händen.
Deine Wünsche reifen
ohne Ende.

Die Früchte darfst du pflücken
zu deinem Entzücken
bitter, süss, sauer,
alles von endloser Dauer.

Ein neues Leben ist für dich bereit.
Ihr dürft es feiern zu zweit,
eure Liebe wächst weiter und weit.

Petra Dobrovolny-Mühlenbach

Zeitenwende

Du musst nichts mehr tragen
und nicht mehr verzagen,
wenn die Probleme der Welt
deinen Horizont überragen.

Die Zeiten sind zu Ende,
ob du es glaubst oder nicht!
Die Welt wird verwandelt,
wenn du auf deinem Weg wandelst.

Sei dir treu,
alles andere ist einerlei.

So ist dein Herz froh und munter
und die Welt wird kunterbunter.
In allen Farben sie erstrahlt
und Gott uns einen
Regenbogen malt!

Michael Wies

Alles und noch mehr

Möcht so gern dir schmeicheln,
dich voll Liebe streicheln,
mit dir in Unendlichkeit versinken,
wie in einem Rausch ertrinken.
Mich der Liebe hingeben,
Freiraum lassen, nie an dir kleben,
mein Herz zu dir sprechen lassen,
weil Worte grad nicht passen.
Gefühle können zärtlich lächeln,
mitunter auch mal schwächeln,
für dich lass ich sie strahlen,
werd bunte Bilder mit ihnen malen.
Trag dich in meiner Seele ganz sacht,
gib bitte immer gut auf dich acht,
bist für mich schöner wie ein Diamant,
wertvoller als alles, was ich bisher fand.
Bist meine Sehnsucht und mein Traum,
ohne dich zu leben lohnt kaum,
ich wollt du wärst grad jetzt hier,
alles und noch mehr gäb ich dafür!

Michael Wies

Das muss wohl Liebe sein

Wenn Träume leben,
beginnen Herzen zu beben,
der Puls schlägt schneller,
Augen strahlen heller.
Der Mond erscheint so klar,
war dir noch nie so nah,
Wolken ziehen vorbei,
fühl mich einfach frei.
Kein Augenblick verliert,
hab Liebe nur gespürt,
nichts von dir mehr fremd,
geb dir mein letztes Hemd.
Es wirbeln die Gedanken
und fallen alle Schranken,
gehör nur noch dir allein,
das muss wohl Liebe sein!

Michael Wies

Gefühle der Nacht

Wieder lieg ich wach,
alleine unterm Dach,
Blick fällt auf dein Bild,
lächelst mir zu so mild.
Hab Verlangen nach dir,
wollt, du wärst jetzt hier,
möcht dich streicheln, küssen,
nie mehr vermissen,
mit dir Roten Wein trinken,
so tief in dir versinken,
einfach die Zeit anhalten,
vom Leben abschalten.
Die Gefühle in der Nacht,
hab sie mir nicht ausgedacht,
einfach nur aufgeschrieben,
werd Dich immer lieben!

Michael Wies

Noch viele Sommer genießen

Unter den Schuhen raschelt das Laub,
ich schüttle ab des Sommers Staub,
es wird wieder feucht und kälter
und wir beide ein Jahr älter.
Möcht mit dir noch viele Sommer genießen,
so wie Blumen blühen und neue Triebe sprießen,
möcht mich an deinem Anblick erfreuen,
weiß, werd keine Stunde bereuen.
Freu mich auf ein Leben mit dir,
lass ohne Reue alles hinter mir.
Fang mit dir nochmal ganz neu an,
vertrau dem Leben und deinem Plan.
Möcht endlich da sein für dich,
in guten wie in schlechten Zeiten,
dich durch die schönsten Jahre begleiten,
einfach nur an deiner Seite leben,
dir Liebe und Fürsorge geben!

Michael Wies

Berührungen

Berührungen möcht ich dir schenken,
einfach in Liebe an dich denken,
Berührungen bedeuten mir mehr als Worte,
sind Zärtlichkeiten der feineren Sorte.
Gehen ins Herz hinein so tief,
sind besser als jede Zeile in meinem Brief,
möcht Gefühle auf die Haut dir schreiben,
mit Zärtlichkeiten dir die Angst vertreiben.
Mit einem Kuss dir Liebe versprechen,
nie mit einem Wort wieder brechen,
möcht versinken in deinen Gedanken,
mich nie wieder mit dir zanken.
Sollst dich an meiner Liebe erfreuen,
keine Minute mit mir mehr bereuen,
vielleicht bin ich ja bald ganz da,
dir und deinem Herzen für immer nah!

Lisa Marie Keller

Nachts

Der Tau klebt auf dem grünen Gras.
Mein liegender Körper davon nass
getrennt vom Geist, der fernab schwebt,
sich denkend, wer wohl dort oben lebt?
Der Schein des Mondes durchbricht die Nacht.
Nur die Sterne und ich halten Wacht.

Tief in des Mondes Krater
liegt des Mondmanns eigner Prater.
Berg-und-Tal-Fahrt, Riesenrad,
Zuckerwatte, Geisterpfad.
Dosen werfen, Lose ziehen,
gebrannte Mandeln, einfach fliegen.

Vergnügungen der schönsten Art
nur für Arbeit, die ist hart.
Nacht ein, Nacht aus, das Licht entzünden.
Er kann sich nicht daraus entwinden.
Seine Pflicht erfüllt der Mondmann gut.
Auch wenn er uns doch vergeblich zum Treffen lud…

Lisa Marie Keller

Genau jetzt.

Offline, ohne Netz.
Frei von Eile und Gehetz'.
Lehne ich mich schlicht zurück.
Zufrieden, das pure Glück.
Holt mich dann alles wieder ein.
Frage ich mich: Muss das sein?

Lisa Marie Keller

Die Verwalter

Einst war alles wüst und leer.
Es kam ein Gärtner sanft daher.
Wo er nur ging und stand,
wob er sein feines lebendiges Band.
Was es berührte begann sich zu regen
und der Gärtner gab ihm seinen Segen.
Welch ein berauschender Duft
lag in der klaren frischen Luft,
wie voller himmlischer Klänge
und tausend Engelsgesänge.
Alles strahlte vor Glück und Frieden.
Es war gemacht um sich zu verlieben.

Der Gärtner nutzte seine Kraft.
Denn eine Welt, die er erschafft,
ist unvorstellbar und wundervoll
bis ins Kleinste einfach toll.
Nur ein Geschöpf sah noch kein Licht.
Ein Bild des Gärtners gab es nicht.
Um dem Garten Vollendung zu geben,
erwachte einer nun zum Leben.
Zu einem kam eine dann hinzu.
Da sprach der Gärtner: „Du,
dir gebe ich einen Auftrag.
Nichts, das mir je ferner lag
als bei allem zu sein,
aber du sei nicht allein.
Nur Eines gebe ich dir zu bedenken:
Liebe und Frieden sollst du nur schenken.
Diesen Garten legte ich an.
Nun ist es an dir daran.
Sorge gut für alles hier,
darum gab ich den freien Willen dir."

Darauf wanderte der Gärtner immer fort
durch seinen Garten von Ort zu Ort.
Gleichzeitig war er dort und hier,
denn Raum und Zeit trug er nur zur Zier.
Einer und eine nahmen den Auftrag an.
Sie taten es so gut wie er und sie eben kann.
Doch frei zu entscheiden bringt viele Möglichkeiten
sich und allen Schmerz und Leid zu bereiten.
So ging es Generation um Generation,
der Vater, die Mutter, die Tochter, der Sohn.
Alle hatten sie alle Möglichkeiten
und den freien Willen sich zu entscheiden.
Die Aufgabe war alles zu verwalten.
Doch ihre Herzen schienen zu erkalten.

Heute tut jeder was er will,
und schreit lieber: Kill Ill!
Was interessiert uns die Welt des andren?
Jeder muss seine eigene durchwandern.
Da bleibt keine Zeit für Hinz und Kunz.
Das einzige Maß ist die Vernunft.
Aber wer ist denn heute noch vernünftig?
Und stellen wir uns vor, wie wird es dann künftig?

Kaum ist der Herr aus dem Haus,
tanzt auf dem Tisch die kleine Maus.
Doch sind wir leider zu beschränkt,
und haben unser Gewissen, die Seele ertränkt.
Traurig, dass wir nicht hören wollen,
was wir wirklich miteinander sollen.
Die Welt ist unser Lebensraum,
doch als lebenswert betrachten wir sie kaum.

Als Geschöpfe, Kinder und Verwalter,
als Junger, Erwachsener und auch Alter
leben wir in einem Garten und einem Haus.
Doch nur auf Zeit, dann ziehen wir aus.
Und wohin wir nachher gehen,
dass können wir nur erahnen, niemals erspähen.

Lisa Marie Keller

Der Thron

Auf dem Holzstuhl im hohen Saal
mit Intarsien von großer Zahl
saß der Fürst in voller Pracht.
Sein Thron gab ihm die ganze Macht.

Dunkel und staubig waren die Ecken.
Es war kein Platz um etwas zu verstecken.
So sah alle Welt mit Klarheit
der Vergänglichkeits Wahrheit.

Morgen wussten die Leute,
käme eine wilde Meute.
Morgen gäbe es Rauch und Feuer,
wenn auch der Wiederaufbau sehr teuer.

Den Thron würde es dann nicht mehr geben,
der Fürst auf einer wackeligen Bank am Leben.
Vor einem kleinen Haus mit Garten
würde er vergeblich auf die alten Zeiten warten.

Verwandlung

Kein Halten mehr,
Unbändigkeit!
Lust oder Last?
Trieb oder Antrieb?
Was bleibt noch von mir?
Mit vollem Herzen hinein
in das Meer der Gefühle.
Überschwang.
Die Zeit löscht sich selbst aus.
Jeder Moment ein Universum in sich selbst.
Der Sturm tobt im Blut, die Welt ist sanft.
Glück.
Ungekannt und beinah' ungebeten.
Wer bin ich jetzt?
Nichts Böses hat Platz.
In der Seele zu Haus'.
Kein Unheil erlaubt,
die Zweifel verboten.
Verblendung oder Täuschung?
Bestand hat nur die Wandlung.
Der Schleier bekommt Risse.
Ergeben oder aufgeben?
Wahllos und ziellos.
Knechte des Willens.
Hoffnung.
Die Seele zerfließt.
Welche Woge trägt uns heute?
Innig und doch so fremd.
Das Nichts ist kalt.
Gibt's dort noch Schmerz?
Die Welten werden zu Gewalten.
Trotzig lehnen sie sich auf.
Wer ist uns'res Schicksals Schmied?
Wird's drinnen kälter?
Akzeptanz.

Bin das jetzt ich?
Kein Ziel, kein Plan.
Stets ein volles Herz.
Liebe.
Verletzlich und stark.
Liebe zur Schwäche.
Kann das denn sein?
Nackte Seelen sind sanft.
Zwischen Gleichgültigkeit und Kampf –
wer siegt?
Hat der Sieger auch gewonnen?
Eigenart oder Gewohnheit?
Nichts ist ausgestanden.
Die Wogen enden nicht im Hier und Jetzt.
Das Meer trägt weiter, immer weiter.
Und ich?
Nur Schaum im Wasser des Lebens,
früh genug Gischt in der Brandung.

Antje Dreist

Irresein

Mein Ziel ist wohl das Irresein,
sonst bin ich klein.
Stimme, warum sagst du nicht,
dass ich jetzt leben kann?!
Komm doch immer dichter heran.
Ich brauche es immer mehr,
doch oft geht nichts mehr.
Aber ich versteh schon die Welt,
Gott ist der Held.
Könnt' ich mich begreifen,
könnt' ich diese Welt streifen.
Es liegt so viel zwischen den Welten,
doch es wird immer nur eine gelten.
Aber ich erlebe dich,
das beruhigt mich.
Könnt' ich nur das Leben sehen,
dann könnt ich gehen.
Ach, fiel nur ein Schleier
einfach so auf uns.
Doch es gibt keine Gunst.
Dann wüsste jeder, wie es ist, zu sterben,
ich würde gehen.
Was ist da
in fremder Gestalt?
Gibt es für mich einen Anfang vom Bald?!
In deinem Gesicht, sehe ich Weite in deinen Augen,
soll ich an diese glauben?
Wäre ich doch ein Teil vom Ganzen,
es gibt nicht viele Chancen.
Aber die Sehnsucht schreit!
Wann bin ich bereit?!
Könnt ich nur das sehen,
ich würd' mit dir gehen.
Deine Worte streicheln meine Seele,
würdest du nur sagen: „Gehe."

Du bist mir so fremd,
doch näher als am Körper das Hemd.
Wagte vor einiger Zeit,
dem Lichte nahe zu kommen,
doch dann hab ich die Trauer vernommen.
Mein Weg ist wohl das Irresein,
ich bin sehr klein.
Manchmal hallen die Stimmen,
ich weiß, es kann nicht stimmen.
Aber das ist mein Leben.
Wem soll ich's geben?!
Stimme du, Stimme mein,
könnt ich doch endlich bei dir sein.
Schrei mich doch einfach an:
„Lass mich in Ruh', ich hasse dich!"
Doch das tust du nicht.
Manchmal lache ich über die Gestalten,
die mir erscheinen,
ich könnt weinen.
Du, in mir macht sich Hoffnung breit,
dass mich eine der Welten befreit.
Doch was ist richtig, was ist groß?
Sag doch einfach: „Geh los!"
Doch es wird siegen, was siegen muss,
dann ist das Leben Genuss.
Nur alles zu seiner Zeit,
noch bin ich nicht bereit.
Meine Schizophrenie gibt mir ein Zeichen,
sie stellt die Weichen.
Das ist mein Irresein,
macht nichts, jeder ist allein.
Kann mich einfach nicht entscheiden,
weiß nur eins, wird mich befreien vom Leiden.
Hätt' ich einen Begleiter!
Mach' trotzdem irgendwie weiter.
Könnt ich nur ein wenig Energie abhaben,
dann wär's nicht so schwer, das Traben.
Könnt ich mich nur selber finden.
Ich weiß, das „Schlechte" in mir wird verschwinden.

Heidi Axel

Das Alter

Ach was ist das Leben kurz
Manchmal denkt man kurz, wien Furz.
So denkt jeder und ist still,
weil das Alter es so haben will.
Doch ich halt nicht meinen Mund
Tue meistens meine Meinung kund:
„Nimm dein Herz noch fester in die Hand
Nutze dazu den Verstand.
Sei stets freundlich, lieb und nett
Und springe auch mal ab und zu ins Bett.
Mit einem Mann der auch schon älter ist
Seine Jugend aber dabei nicht vergisst.
Denn die Hormone fragen nie danach,
Ob du 20 bist oder fast vorm Sarg."
Nehme alles was das Leben gibt.
Denn nur so kannst sagen: „Du, ich hab geliebt!"
Schaue fröhlich in die Welt hinein,
Auch wenn das Alter uns gerne stellt ein Bein!

Heidi Axel

Danke

Gehst du still mal durch die Straßen, frage dich:
Wohin rennt die Zeit für mich?
Eine Antwort die bekommst du nicht,
denn wer soll auch antworten für dich?
Da gibt's Mädchen, jung und schön,
die wollen keine alten Leute sehn.
Die denken nicht einmal daran,
dass sie auch der Tod ereilen kann.
Aber sag ihnen das nicht,
dann geht es aus das Licht in ihrm Gesicht!
Danke jeden Tag dafür, dass du immer bist noch hier!

Heidi Axel

Der Wein

Ich saß beim Wein zu oft allein.
Ich trank ihn langsam und bedächtig in mich rein.
Ich dacht dabei so allerlei.
Und mir war so schrecklich angenehm dabei.
Denn die Gedanken flogen weit voraus.
Raus aus dem Haus und in die Welt hinaus.
Sitzt da noch so einer der trinkt ganz allein
Nur seinen Wein, bei sich daheim.
Nur seinen Wein, allein bei sich daheim!

Heidi Axel

Das Wetter

Ich habe heute den Verdacht,
dass sich das Wetter lustig macht.
Es grinst uns an mit Sonnenstrahlen,
sagt uns: „ Ich werd mit Farben malen!"
Jedoch nach einer kleinen Weile,
die Wolken haben große Eile,
da wird es dunkel und schaut aus
als ob das Licht geht hier gleich aus.
Was denkt das Wetter eigentlich?
Ist es nicht einfach seine Pflicht
die Menschheit zu erfreuen
und sich nicht vor der Arbeit scheuen?
Sich anzustrengen und zu zeigen
den allerschönsten Frühlingsreigen?
Jedoch das Wetter stellt sich dumm,
es mosert weiter so herum.
Es wird nicht warm
nur son dazwischen!
Wie könnt man ihm denn eins auswischen?

Heidi Axel

Ein Stern

Ein Stern muss nicht nur am Himmel sein.
Ein Stern ist eine Leidenschaft allein.
Ein Stern ist alles, was dir sagt:
„Ich liebe dich an jedem Tag."

Es leuchtet für dich auch ganz leise
die Kerze hier auf ihre Weise.
Sie hat den Glanz von deinen Augen.
Sie flackert, lass mich da eintauchen.

Komm sei mein Stern an jedem Tag.
Dein Dasein macht mich doppelt stark.
Ich weiß, du denkst sehr oft an mich.
Das macht mich happy. Ich liebe dich!

Das macht mich stark und ich sag leise:
„Komm liebe mich, auf jede Weise!"

Heidi Axel

Herbst

Vom Baum da falln die Blätter,
der Wind weht heftig schon.
Das freut hier unsern Drachen,
er ist des Windes Sohn.

Er schwingt sich in die Lüfte
schlägt Wellen, schläft nicht ein.
Er fühlt die Freiheit droben,
er hat die Leichtigkeit des Seins.

Ich wünsch dir einen schönen Abend,
genieß ihn, wo du grade bist.
Denk an was Schönes, lächle heiter,
das ist es, was das Herz genießt.

Heidi Axel

Der Weg ins Glück

Für jeden ist der Weg ins Glück
ein Wunsch, den uns das Herz oft schickt.
Ein jeder wird ihn anders gehn,
jedoch das Ziel, das bleibt bestehn.

Mal holprig und mal gradeaus
so geht ein Weg und du bist raus,
wenn du nicht langsam und mit Mut,
auch für dein Glück, das Richt`ge tust.

Den Weg ins Glück willst du beschreiten?
Willst wissen, wie es sich drauf geht?
Dann streng dich an und sei bereit,
Geschenke gibts zu keiner Zeit.

Der Weg ins Glück ist nie aus Gold.
Das Schicksal ist dem Starken hold.
Das Schicksal bist nur DU allein.
Da musst du selbst ein Meister sein.

Heidi Axel

Der Selbstmord der Strohleut

Es war einmal ein fernes Land.
Ich glaub, es ist uns nicht bekannt.
Da lebten einträchtig und froh,
Gar viele Leute, ganz aus Stroh.
Sie trugen auf dem Kopf ne Krone
Und hielten diese mit nem Band,
dass das Gesicht sich schön abhebe,
denn jeder machts in diesem Land.
Ohren hatten sie wohl keine,
aber Körper, Arme, Beine
und ging mal einem was kaputt,
so kam er nicht gleich auf den Schutt.
Nein, nein er wurde repariert,
ausgebessert und fixiert.
Das alles wieder heil und froh
Ich glaub sie brauchten auch kein Klo.
Im Winter standen alle still
in einer Scheune mittendrin,
denn nach einem warmen Feuer
stand ihnen wahrlich nicht der Sinn.
Sie hatten große Angst davor.
Und oftmals sangen sie im Chor:
„Dass uns kein Feuer brennen mag!
Das wäre unser letzter Tag!"
Die Strohmännlein, die sahn sich an
Und sprachen leise dann und wann:
„Wenn erst der Sommer kommt ins Land,
dann nehmen wir es in die Hand
uns auszubessern, was uns fehlt.
Ich brauch ein Bein.
Ich seh nicht fein für einen schönen Sommer aus.
Ich brauch nen Arm.
Wird da was draus?"
So trug ein jeder seine Bitte,
Voll lauter Sorge selbst sich vor.
Und einer stand ganz traurig in der Mitte

Das war der allerärmste Tor.
Still sah sich dieser um
mit einem ganz, ganz dünn Gesicht.
Er konnte fast gar nicht mehr stehn
und fand sich selber nicht mehr schön.
Die Zeit verging, der Frühling kam
Und dann der Sommer! Oh, welch Gram!
Die Strohleut schauten auf das Feld
Wo das Getreide wuchs schön gelb.
Jedoch was war da mit den Halmen?
Warum nur blieben sie so klein?
Sie mussten sich doch noch entfalten
und wachsen in den Himmel rein!
Die Halme blieben wie sie waren! Kurz und klein!
Der Regen, er war schuld daran
denn er fiel nicht herab.
Am Himmel war nicht viel zu sehn,
von Wolken, die vorüberziehn
und nichts regnete sich ab.
Die Strohleut schauten traurig drein,
als alles abgemäht.
Das Stroh war wirklich viel zu klein
für Arme, Kopf und Bein.
„Was ist das nur? Warum wächst nichts?
Wer hat das nur verbrochen?
Wer hat vergessen die Natur?
Sind viele Fragen offen!"
Die Strohleut gingen, ohne Reden
Zu einem großen Haufen hin.
Sie taten nur noch einmal beten,
dann legten sie sich hin!
„Oh Mensch, denk nach
Und handle schnell
denn sonst geht's euch, wie uns!
Ihr sterbt so alle nach und nach
und alles war umsonst!"
Die Strohleut legten alle sich
ganz leise auf die Erden.
Zurück blieb nur ein Haufen Stroh
Und so wird's auch mit uns mal werden.

Rainer Stecher

Was die Menschen bewegt

Ob die Welt sich noch dreht,
wenn die Gewalt will nicht enden,
wenn das Leben wird sterben
und mit Waffen man schnell noch
um den Frieden will werben?

Wird sie sich noch drehen,
wenn Feuerstürme den Himmel umwehen,
wenn keine Tränen mehr fließen,
weil man das Leid wird aus Kübeln gießen,
wenn der Regen vergeht
und der Hunger nagt im Gedärm,
wenn der Tod durch die Straßen streift
und die Menschen fallen wie Fliegen?

Man sucht die Antwort, scheint so gescheit.
Doch der Menschen Heere stehen bereit,
um weder Mitleid noch Gnade zu bringen,
sondern in heiliger Rüstung dem jeweils
anderen Gott ihre Wahrheit aufzuzwingen.

Sie türmen Leichenberge zuhauf,
bauen Macht und Einfluss darauf auf,
knechten und rauben, um dem Joch
die Ewigkeit einzuhauchen.

Und ob dann die Welt sich noch dreht,
wird die Menschen nicht scheren.
Sie werden in ihren Gräbern verfaulen,
bis ein neues Geschlecht
beginnt dies grausame Geschäft.

Rainer Stecher

Das Gewand der Wahrheit

Der Stoff aus dem der Mensch
die Wahrheit webt gleicht dem Gewand,
das er vor Angst und Kälte zitternd
sich schützend um die Schultern legt.

Denn wisst!
Es ist die Vielzahl seiner Art,
die ihn im Geist beschränkt,
in die er sinkt,
wenn menschlich Maß ihn dazu zwingt.

Doch wirft er ab das schützende Gewand,
entflieht der stumpfen Masse Wahrheit,
ein flammend Licht wird seinen Geist
erhellen, ins Dunkle schwinden Angst
und Hoffnungslosigkeit.

Rainer Stecher

Seelenheil

Kerzenschein liegt in der Luft
und ein Gesicht tanzt schemenhaft
auf blutverschmiertem Fels.
Der Mund klafft weit,
entstellte Lippen formen quälend
Schmerz und Bitterkeit.

Und bleich im dunst'gen Lichte,
einsam, ohne Trost und über
hingestrecktem Leib sich wiegend,
beklagt es laut der toten Liebsten Mal.

„Kein Licht am Horizont,
kein Stern der bricht die Dunkelheit.
Oh Engelsscharen kommt,
vertreibt die düst'ren Schatten mir
und sammelt euch vor ihrem Leib!
Streckt aus ins Dunkle eure Macht
und hebt sie aus dem Schattenreich
als brause Feuer in der
sturmzerfetzten Nacht!"

Der Klageruf verhallt und
Stille schwelt im fahlen Licht
tief unten aus Gewölben toter Macht.
Sie schwingt sich drohend auf,
stößt hart auf Schmerz, auf kalten Fels,
verschlingt den süßen Kelch,
die Fieberglut, den Sturm,
der Hoffnung trieb ins Blut.

Da fährt ein stummer Schrei durch
all die Qual, wie Stürme sterbend fallen,
und das Gesicht auf blut'gem Fels,
von Seelenqual und Schmerz entstellt,
sinkt trostlos nieder auf den bleichen Leib.

Nun taumeln die Gedanken zeitlos,
wirr im Geist der Körper schwankt,
gebeugt, gequält, von Dunkelheit
und Kälte fest umhüllt, bis dass der
letzte Stern vergeht und zartes Licht
die Düsternis des grausen Ortes bricht.

Da birst das Erdreich plötzlich auf,
wo vorher blut'ger Fels in fahlem Schein
mit Tod und Trauer eng verwoben,
und wilde Rosen ranken
aus den Tiefen toter Macht,
umschließen dicht gedrängt
den Ort des Todes, den Liebenden
ein ewig blühend Grab zu betten.

Andrea Hallmann

Kriegsgeschichte

Am 9. November 1912 erblicktest du
Das Licht der Welt
Im Stadtteil Namens Schönefeld

Ich war nicht auf dieser Welt
Und doch verbindet uns ein Band
Durch deinen Sohn Manfred genannt

Auf Fotos lernte ich dich kennen
Unsere Ähnlichkeit war gewiss
Nur nach dir fragen durfte ich nicht

Im Alter von 26 Jahren
Musstest du in Leipzig Dösen
Die Hölle erfahren
Im Jahr 1938, die Zeit
die heute Geschichte schreibt

Klirrende Scheiben -
Menschen in Not
Fehlendes Schweigen
Brachten den Tod

Nachts in Connewitz
Holten sie dich ab
Leipzig Dösen wurde
Dein Grab

So lang ich leb
So lebst auch du
In den Gedanken
Meiner Erinnerung

Andrea Hallmann

Blind

Laut erklingen Gewehre
Dumpf der Fall der
Getroffenen

Keiner will es wissen
Keiner will es sehen

Und es geschieht
Immer noch
Tag für Tag

Irgendwo auf dieser Welt
Jetzt in dieser Sekunde

Frieden wünsche ich mir
Frieden für alle

Jetzt in dieser Sekunde

Andrea Hallmann

Winter

Dunkelheit frisst den Tag
Der Winter niemals enden mag Seele
schaukelt in trüben Gewässer
Wo bleiben Sonnenstrahlen?
So ist es schon April
Der Winter will nicht gehen
Nur zögerlich trotzen
Narzissen

Andrea Hallmann

Gedanken

Leise werden sie gesponnen
In manch einsam dunkler Nacht
Hab sie oft beim Wort genommen
Laut und leise mit Bedacht
Unbehelligt ausgesprochen
Nicht darüber nachgedacht
Können sie zusammen finden
Wort zu Wort zu langem Satz
Wird daraus eine Geschichte
In der einsam dunklen Nacht
Bricht das Tageslicht durchs Fenster
Fort sind alle die Gespenster
Die Gedanken aus der Nacht
Haben sich davon gemacht
Schlummern leise durch den Tag
Bis ich sie vergessen hab

Bernd Tunn-Tetje

Trauerwandern!

Werde Euch führen.
Seid willkommen!
Ich weiß Euch ist
viel genommen.

Wir wollen wandern
im Innern und hier.
Die Sinne füllen
mit Wandermanier.

Farben des Waldes
lasst sie ins Herz.
Mildern ein wenig
nagenden Schmerz.

Bernd Tunn-Tetje

Für sich!

Für sich getanzt.
Immer mit Herz.
Drückte so aus
ihren Schmerz.

Erdachte Töne
wie sie empfand.
Versank tief
in ein Notenland.

Spürte nicht mehr
was sie erlebt.
Der Tanz hatte
die Gefühle belebt.

Bernd Tunn-Tetje

Oma!

Liebende Oma
oft sehr still.
Beugt sich Regeln
die sie nicht will.

Trotz ihrer Schwäche
für sie kein Lass.
Wenn es brodelt
im inneren Fass.

Wenn gut geht
schmust sie auch.
Für die Enkel
ein guter Brauch.

Bernd Tunn-Tetje

Vaters Liebe!

Er sang gerne
in ruhigen Stunden.
Hat so gesalbt
Familienwunden.

Lieder des Trostes
für Kinder gemacht,
summte er gerne
wenn er wacht.

Die sanfte Stimme
betonte so sehr.
Ich habe Euch lieb.
Immer mehr!

Bernd Tunn-Tetje

Tanzt für ihn!

Wiegt sich sanft.
Schwebt dahin.
Denkt an ihn.
In seinem Sinn.

Musik vorbei.
Nur noch Stille.
Dieser Tanz
sein letzter Wille.

Ursula Hellmann

Entsorgt nach Maß

Die Möglichkeiten: weltweit
und optimal seit fast sechstausend Jahren:

Blaue Herzen –
die deinen Hass aufnehmen, täglich, stündlich

gelbe Herzen –
mit sehr viel Platz, um deinen Neid
in sie zu werfen.

Grüne Herzen,
frisch und jung, wo die Bakterie Mißtraun
sich so gut vermehrt

graue Herzen –
hart wie Stahl, für der Verachtung heiße Asche
gut zu brauchen

schwarze Herzen –
für alle Reste abfälliger Gedanken,
die bei dir selber keiner finden soll
und die dir stinken

Du reibst die Hände – allem Schmutz enthoben,
und dann
erschrickst du bis ins innerste Gebein!

Die andern Müllerzeuger nutzten schon von Anfang an
dein eignes Herz als günstiges Depot!

Ursula Hellmann

Allein, nicht einsam

Die Jahre ziehen still vorüber,
es gräbt die Zeit in mein Gesicht sich tiefer ein.
Ist nun vorbei der Jugend und der Sehnsucht Fieber?
Mündet der ungezähmte Fluss ins Meer der Ruhe ein?

Bin meinen Weg durch diese Welt gegangen,
mich hielt das Glück und mal das Leid gefangen.
Hab ich den Becher bis zur Neige ausgetrunken?
Es haben tausend Wunder mir umsonst gewunken.
Doch hätt' ich tausend Leben hier zu leben –
ich würde alle tausend gerne für dich geben.

Der Herbst schenkt golden-bunte Bilder,
der Sommer zauberte aus Blüten reife Frucht.
Ein junges Lachen fliegt durchs Haus und will mir schildern:
Kein Name bleibt, doch jedes Herz das gleiche Eden sucht.

Bin meinen Weg durch diese Welt gegangen.
Ich konnte mehr als andere erlangen.
Bin ich zufrieden mit der Ernte meines Lebens?
War da ein Schrei, der nach mir rief und blieb vergebens?
Ich geh, in dir, von einem Raum zum andern
und möchte tausend Jahr so weiter wandern.

Der Winter droht mit langen Schatten,
ich schließ die Augen und erschau ein bess'res Land.
Was deine klaren Quellen mir zu geben hatten,
stillt' meinen Durst und ist ein Schatz,
den nirgend ich sonst fand.

Bin meinen Weg durch diese Welt gegangen,
geh ihn zuende ohne Furcht und Bangen.
War'n auch der Straßen tausende verschlossen,
hab ich des Lebens Süße oft und oft genossen.
So lebt' ich e i n s anstatt von tausend Leben
und fand in ihm den Saft von mehr als tausend Reben.

Ursula Hellmann

Frei für dich

ich dachte: Meine Worte sind frei!
Zu zerreden gab's unendlich viel.
Mit dir sprach ich nicht, doch du sprachst mich frei –
gabst hin deine Ehre für mich!

Ich dachte: Meine Hände sind frei!
Zu erdrücken gab's unendlich viel.
Von dir hielt ich nichts – doch du hieltest mich frei –
gabst auf deinen Halt für mich!

Ich dachte: Mein Wille ist frei!
Zu beherrschen gab's unendlich viel!
Von dir wollte ich nichts – doch du wolltest mich frei –
gabst auf deine Thronmacht für mich!

Ich dachte: Mein Lieben ist frei!
Zu verschwenden gab's unendlich viel!
Dich liebte ich nicht – doch du liebtest mich frei –
gabst dich in den Tod für mich!

Du liebtest, du wolltest, du sprachst mich frei –
von mir!
Ich bin tot nun, bin frei! Wofür?
Freiwillig zu leben für dich! Mit dir!

Ursula Hellmann

Kroatien, Syrien – wo überall seid ihr?

Wärst du tot, o mein Sohn! Dann wüsste ich dich sicher!
So konnte ich nur den gläsernen Bildschirm
mit Küssen und Tränen benetzen
aus dem du gestern mich ansahst
zwischen all den Gespenstern,
Lager vier hinter Zagreb.
Und die Sonne dörrt euer Gebein.

Deine Schwestern, mein Sohn –
mein Rock deckt ihr Schlafen. Ihr Mund ist still nun,
noch satt von den Bohnen.
Und morgen ist heiliger Freitag. Alle Beter
liegen erschlagen. Frauen sitzen und warten
im Lager drei hier in Deutschland – so hör' ich.

Diese Augen, mein Sohn! Könnt ich sie dir zeigen!
Mehr als dampfende Töpfe wärmen sie mich
und geben dem Herzen zu essen.
Sie lernt unsre Sprache mit Lachen.
Über wogendem Busen blinkt ein Kreuz an der Kette.
In unserem Dorf traf ich keine wie sie.

Sie sagt: Es starb ein Sohn, um die Menschen zu lösen!
Das kannst du nicht, mein Sohn, mein Stolz, mein Gram.
Wir Frauen müssen leben und hoffen
mit der Zukunft in unseren Händen.
Auf, ihr Mädchen!
Sucht mit mir den Sohn, von dem sie sagt:
Er lebt und schenkt euch Frieden und Freiheit!

Ursula Hellmann

Zeichen

Ein großes *Zei* führt freundlich an der Hand
ein kleines Zei-chen, eng mit ihm verwandt.
Das *Zei*-chen blickt zum großen Zei empor:
„Verzeih, wenn ich erbitte mal dein Ohr!
Auch könnt', wie du, ein *Zei* ich auch schon sein!
Warum nur bin ein *Zei*-chen ich und klein?"
Von oben fällt ein Lächeln sanft herab:
„Du hast, was ich schon lange nicht mehr hab:
Als *Zei*-chen wollt' ich selbst verehret sein;
ich wurde groß, mein Auftrag blass und klein.
Nun sieh mich an, nur *Zei* noch – ohne jeden Sinn;
niemand kommt mehr durch mich zur Wahrheit hin.
Du, *Zei*-chen, tust bescheiden deine Pflicht.
Ach, sei nur nie auf eignen Ruhm erpicht!
Lass dir das *-chen* von keiner Ehrsucht stutzen -
denn: ein *Zei*, sei's noch so groß, ist völlig ohne Nutzen."

Jasmin Reichel

Unsere Atmosphäre

Ich fand dich ... genau dich in der großen weiten Welt.
Das Schönste ist Zeit mit dir unter'm sternbedeckten Himmelszelt.

Wenn du mal nicht da bist, fehlt etwas, ich spüre es genau,
auf einmal scheint der Himmel dunkel und nicht mehr blau.

Doch fühl ich mich einsam, blick ich in die Sterne,
sie geben gut Acht auf dich, auch in weiter Ferne.

Sterne sind immer da, auch wenn wir sie mal nicht seh'n,
genauso wie wir füreinander, ich lass dich nicht im Regen steh'n.

Wir atmen doch die gleiche Luft dieser Welt,
denn wir leben unter ein und dem selben Himmelszelt.

Egal wo du auch bist, ich kann dich erreichen,
nichts kann uns trennen, ich geb dir immer ein Zeichen.

Mit dir zusammen möchte ich für immer leben,
uns trennt weder Hochwasser noch Erdbeben.

Auf der Erde ist nicht alles perfekt, aber eins weiß ich genau,
nur mit dir strahlt die Sonne und der Himmel ist blau.

Jasmin Reichel

Ich versteh dich nicht

Wir reden oft aneinander vorbei,
ist das noch normal?
Ich stelle dir eine Frage,
doch die Antwort ist eine Qual.

Wir sind echt selten einer Meinung,
du denkst schräg und ich denk quer.
Schweigen ist oft leichter,
unsere Köpfe, ohne Gefühl, so leer.

Ich habe einen Wunsch,
doch dir fällt es schwer drauf einzugehen.
Ich bin enttäuscht und traurig,
du lässt mich doch nicht im Regen stehen?

Ich würde alles für dich tun,
das solltest du wissen.
Doch ohne eine Gegenleistung,
fühle ich mich echt beschissen.

Die Liebe bedeutet mir so unglaublich viel,
ich träume uns beide ans Ende der Welt ...
und fallen wir hinunter,
bist du das Einzige, was wirklich zählt.

Treue schwörst du mir,
ich finde das wirklich wunderbar
Ich liebe dich sehr,
auch wenn du oft Faulpelz bist oder Narr.

Wir verstehen uns nicht immer,
ich hoffe, unsere Beziehung hält das aus.
Die umgelegte Acht ist unsere Zahl,
jetzt und auch später mit Kind und Haus.

Marko Ferst

Krumme Lake

Gefügt in Grün
und Wälderdickicht
schilfumringtes Wasser
am Ufer Birkenfrisch
Gelb am Boden
winzige Blüten
Vogelbeeren im Schatten
Farne sprießen auf Morast
ausgedehnte Erlenzüge
Graureiher versteckt

Mit Eulenschild
ist alles geschützt
baden gilt als illegal
im Minutentakt
schrammen Flugzeuge
tief über Wipfel
Räder ausgeklappt
willkommen im Vogelschutzgebiet!
Blech und Krach am Himmel
Schwimmer finden sich ein
bei Sommerglut

Bunt und Braun kleidet
von September an
später der Frost
spiegelt mit der Eisglätte
die Sonne zurück
still dämmern alle Pfade
die Schwarzröcke
pflügen solange es geht
selten liegt noch Schnee
auf Kiefernkronen
das liegt nicht nur
am Fliegerwahn

Krumme Lake bei Berlin-Müggelheim

Marko Ferst

Dilemma

Das mit dem Magischen
trotz der geschliffenen Zeilen
nicht die Langeweile mitschwingt
diffuse Richtungen
keinen Sinn ergeben
der Leser kauft die Katze
nicht im Sack
neulich fehlte das Lyrikregal
im Thalia Buchladen
wer kennt nicht seine Vorbehalte
irgendwo gibt es Maßstäbe
was einem gefallen könnte
taxieren läßt sich
kein unentdecktes Wortgelände
wie eine Sperre
zuviel erstarrte Lava
zu selten geschickte Gebinde
die unsichtbare Räume erschließen
Funkverbindungen zwischen
Sinnebenen listen
offen bleibt
ob nicht noch virtuosere
Zutaten hilfreich sind

Marko Ferst

Herbstlichter

Hoch oben
taumeln Fledermäuse
über die Lichtung
hinter uns Staub
zertreten ein alter Bovist
wie wir noch irren
mit unserem weißen Haar
es pochen Rabenzeiten
hitzetrocken Wald und Flur
kaum für eine Pilzsuppe
reicht die Ausbeute
es kündigt sich an
die Bilanz unserer Tage:
das Ungetane

Verstreutes Lila
wir ruhen auf unseren Sachen
kosten zurück die Jahre
Dämmerung zieht herüber
in unsere Arme
noch spielt das Orchester
oder werden wir es
nicht gewagt haben
bleiben nur Bruchstücke
von unserem Traum
die vergeblichen Flugkehren?

Marko Ferst

Jongleure

Mit vier gelben Flaggen
auf seinem Dach
längst ohne Attraktionen
das hohe Zirkuszelt in Rot
auf einmal verschwunden
in einem nächsten Jahr

Neu aufgestellt
an diesem Platz
Geschütze und Panzer
eine Allee der Helden
präsentiert den großen 45er Sieg
Schautafeln berichten
goldener Kranz
mit orange-schwarz gestreiftem Band
auf steinernem Plateau
Bänke verziert
mit der Inschrift: победа
stilisiert
Hammer und Sichel
auf sowjetischem Fahnenrot

Am 21. Januar
alles schneebedeckt
demonstriert davor eine Schar
munterer, älterer Leute
Transparent aufgespannt
sie fordern
eine neue Revolution
so übersetze ich
nur ein Milizionär
kontrolliert lässig
jene Aufständischen
beim Fototermin

Erst später begreife ich
ach, Lenins Todestag!

Meine Freundin frage ich -
wo ist der Zirkus hin?
die Artisten treten auf
jetzt in festem Quartier
ein paar Straßen weiter

Набережные Челны, Winter 2017

Marko Ferst

Unverortet

Gewiß, ein stilles Gefängnis
die Tage gehen unter
im Stadium des Anderen
eine letzte Balance
mit stark verzerrten Regeln
Wünsche und Küsse
verstellte Horizonte
Landmarken längst entschwunden
die Brandbögen der Schübe
zersetzen jede klare Logik
warten auf die Rückkehr
die Ruhe im Körper, Vernunft
irgendwann wird Meer sein
gibt es noch etwas zu halten?

Marko Ferst

Septemberwärme

Himmel und Eichelhäher
im Blätterfall
entschwindet Eisvogelblau
unter Wasser
entrindete Erle
unentwegtes Biberwerk
mit Schwung
geöffnetes Schleusentor
der Kahn fährt weiter
Fischtreppen
für die Aufsteiger
erste alte Spreearme
wieder intakt
seggegrün umfaßt
Habichtsaugen fliegen zu
frischer Beute
lila Eisenkraut ragt hervor

Unterer Spreewald

Marko Ferst

Das Treibhaus öffnen

Sie zermalmen
ziehen ab die Erdhäute
Treibjagd auf Häuser
der Sand räumt
die Erinnerungen aus
die Bestände des Tertiär
landen auf Förderbändern
große Mäuler schlingen
feurig die Massen
und den Kühltürmen
entsteigen weiße Kolosse
versteckt die Fäden
der Herzinfarkte
die Zeichen der Lungen
und des Atems

Brücken
sind die Technologie
des Untergangs
sabotiert das Handwerk
der Lobbyisten!
es hilft nur
Sonnenlicht zu fangen
auf blauschwarzen Tafeln
sinkende Verbräuche
sich nicht zu verlassen auf jene Ströme
die immer neue Dörfer auslöschen
Wasser, Wind und Sonne
speisen ins eigene Haus
mit Ökoanbietern
die neue Anlagen richten
oder mit eigenem Engagement
immer mehr Pfade
in eine solare Republik

Marko Ferst

Countdown

Und sie mehrten sich
Hektar um Hektar
in roten Zahlen
exponentielle Daten sind tückisch
Milliardenschritte
bleich die Korallenriffe
die Netze der Straßen
schnüren ins Fleisch
ohne Bleibe Orang Utans
hingewürfelt immer neue Felder
aus Türen und Fenstern
nicht aufzuhalten
war die Plage
so kippte alles
mitunter neigt die Evolution
zu Sprüngen

Marko Ferst

Herbstbögen

In unzähligen Keilen
stürmen sie zum Ziel
ein riesiger Wirbel
über dem weiten Schilfsee
für ein paar Tage
herbstliches Quartier
der Blessgänse

Gespannt
schwarze, federleichte Netze
in den Fadenbeuteln
verfangen sich Bartmeisen
andere kleine Flieger
gesammelt in weißen Säckchen
gelistet wird ihr Zustand
ein winziger Ring verknüpft
in die kleine Tütenwaage kopfüber
und ab geht es
auf eigenen Flügeln

Beringte Funde
bei verschiedenen Vögeln
weisen auf
weit entfernte Landschaften
Züge über viele Grenzen hinweg
und wo Bestände wachsen
oder den roten Listen
letzte Flugkünste folgen
Farben und Gesänge
hinter den Horizonten
verlöschen

Marko Ferst

Reise

Viele lose Enden
in den Versuchslaboren
experimentelle Weite
in den lyrischen Silhouetten
immer an den
eigenen Wortströmen entlang
tasten ins Unbekannte
auf der Suche
nach Ankerpunkten
gefallender Zeilen
magisch Sinn binden
nicht verraten
die eigene Vision
Gedicht und Gedacht mischen

Zugänge schaffen
im Spalier der Lesenden
keine Irrgärten anlegen
Jean Gebsers Aperspektive
in Sicht nehmen
keine Rückfälle
in frühere Bewußtseinsstadien
sie nur durchdringen
zu höheren Sphären
aber manchmal
wie ein Chamäleon
fremde Texturen imitieren
mit dem eigenen Stil
ein paar Brocken Reminiszenz
oder doch Schlupflöcher
zu etwas Neuem?

(siehe Jean Gebser: „Ursprung und Gegenwart")

Marko Ferst

Im Eismeer

Man sieht schon
wie Putin
in Heldenpose
schwarze Eisbären
schruppen wird

Natürlich würde
er nie zugeben
das die
Greenpeace-Aktivisten
recht gehabt
haben könnten

Welche Piraten
und Rowdys
da wohl im Kreml
hochgestapelt haben?

Wer mag wohl
eher ins Gefängnis
gehören?

Gerhard Voß

Das Wundermittel

Ein Mittel gibt's, das wahre Wunder schafft,
wenn deine Manneskraft einmal erschlafft.
Vier Wochen lang ein Löffel täglich
und du versagst nie mehr sehr kläglich.
Gewonnen wird's aus einem Horn.
Das Nashorn trägt es ganz weit vorn.

Ein Mann der öfter schon versagt
und immer wieder deshalb klagt
liest diese Zeilen und fasst Mut,
er denkt, endlich wird alles gut,
bestellt ne große Packung XXL
und hofft das Pulver wirkt sehr schnell.

Er nimmt es streng nach Vorschrift ein.
Doch ein Erfolg stellt sich nicht ein.
Er ahnt, die Zeilen sind gelogen,
wer dieses Pulver kauft, der wird betrogen.
Denn Macht und Gier regiern die Welt
Die Wilderer Mafia verdient viel Geld

Ganz viele Tiere werden nicht geachtet,
sondern einfach abgeschlachtet,
bald sind Steppe und Savanne leer
dann gibt es keine wilden Tiere mehr.
Die Mafiabosse vermehrn ihr Geld,
doch sehr viel ärmer wird die Welt.

Der Mann verliebt sich neu und diesmal richtig
auch ihr ist dieser Mann sehr wichtig.
sie liebt ihn sehr und hat Geduld
und niemals gibt sie ihm die Schuld.
Dann, eines Tages, welch ein Glück,
kehrt seine Manneskraft zurück.

Und die Moral von der Geschicht.
Nur die Liebe schaffts, ein Pulver nicht

96

Ursula Schwarz

Verführung

Mutter sprach zu Kinderenten
Nur keine Visimatenten
Denn am Land im Bogen
Kommt der Fuchs gezogen
Und er schmeichelt euch
Und er heuchelt euch
Und seid ihr weich,
schnappt er euch gleich

Ursula Schwarz

Eine hohe Fahnenstange zitterte im Winde lange,
zittert lange, lange Zeit vor lauter Flatterhaftigkeit

Ursula Schwarz

In der Wiese das Gemüse schaut mir ins Auge,
selbstvergessen, als ob es glaube,
wenn es so schaue,
ich mich nicht traue, es aufzuessen.

Ursula Schwarz

Auf der Bank reibt sich eine Hose blank
klotzt prahlerisch, platzt malerisch.
Und gibt auf die Weis Geheimnisse preis.

Ursula Schwarz

Die Nasenflügel zitterten, als sie zusammen twitterten

Ursula Schwarz

Es zitterte der Lippen Rot,
als sie ihm ihre Rippen bot

Ursula Schwarz

Eine Dame, wohl frisiert,
träumt, dass sie den Kopf verliert
So schwebt im Raum der Kopf pikiert
Unfrisiert

Ursula Schwarz

Eine Klatschbase
Und ein Osterhase
Unterhalten sich fein
Was soll das sein?
Sie üben schon
Für die Hauptsaison!

Ursula Schwarz

Streichelweicherfaserschmeichlerstreichelstretch

Ursula Schwarz

Ostergedichtchen

Was macht der Hase
Mit der Nase
Da im Grase
Und beim Weiher?

Ungeheuer
Teure Ostereier!

Ursula Schwarz

Die Genüsse
Alles Süße
Überflüsse
Das Versuchen
Fetter Kuchen
Sagt man, müsse
Verboten werden
Hier auf Erden.

Ursula Schwarz

Es sitzt ein Frosch mit breiter Gosch
am Blatte einer großen Seerosen,
möcht eine Spitzmaulfröschin kosen.
Doch wird das Küssen unbequem,
es gab ein technisches Problem.
Warum? Frag nicht so dumm!

Ursula Schwarz

Ein Doppeldecker: Kürzest-Geschichtchen

Auf dem Michaelerturm
Sieht man nicht den schiachen Wurm
Daher denkt kein Mensch auch nach
Was macht ein Wurm am Kirchendach?

Doch wolltest du fragen,
kann ich es dir sagen:
er möchte die Balken
am Turm umgestalten!

Ursula Schwarz

In einer Hosenfalte, ganz verschlagen
Sitzt ein schüchternes „Daskannichnichtsagen"
Schaut nach gar nichts aus, traut sich nicht hinaus.
Das Kannichnichtsagen kann nicht sagen
„Ich kann" drauf.
Sonst müsst's die Konsequenzen tragen
Und löst sich dann auf.

Ursula Schwarz

Es lacht die Möwe auf dem Meer
Es lacht der Steuersekretär
Was sind das für Sachen
Worüber sie so lachen
Vielleicht erheitert sie
Seit heute früh
auf der Nehrung
meine Steuererklärung?

100

Ursula Schwarz

Samhain

Die Flattergeisterchen
Stehn an der Tür
erwartungsvollen Blicks vor mir
Was wollen sie denn,
was soll das denn
ihr hoffnungsfrohes Blicken?
Ich bin gewiss, sie helfen mir
Mein Bäuchlein abzuspicken.

Ursula Schwarz

Der Rote-Faden-Baum

Dieser Baum ist nicht entstanden
Um im Wortmüll zu versanden.
Er wurde geschrieben
Sich im Focus zu üben.
Um Gedanken vor allen Dingen,
geordnet auf den Punkt zu bringen.

Ursula Schwarz

Einer Schlange Schlangenschwanz
Ringelt sich im Grase. Ganz
Verborgen schlängelt sich die Schlange
Nur ihr Schwanz ist etwas lange
Kommt ein Vöglein geflattert
Pickt den Wurm auf. Verdattert
Flüchtet bange
Die Schlange

Ursula Schwarz

Überraschung

Bis zur Quadrille
Um Mitternacht
Die Neugier wacht
Doch fällt
Nach der Quadrille
Um Mitternacht
Die Maske sacht
zeigt ihr Gesicht –
Verzweifle nicht!
Die Wahrheit nicht zu sehn
War doch auch schön!

Ursula Schwarz

Kürzestgeschichtchen &
Faschingsgedichtchen

Die Kokotte
Im Kokone
Die Kokette
Wartet bei dem
Tanzparkette
Dass ein Tänzer
Sie errette.
Bis zur Früh.
Hoffnung stirbt nie!

Ursula Schwarz

Animalische Dichte

Faschingsgedichtchen
Auf dem Balle
In festlicher Halle
Tanzen alle
Leib an Leib
Was für ein
Geschwitzter
Zeitvertreib!

Ursula Schwarz

Auf meinem Buchregal
Geistert es manches Mal
Es knistert
Und flüstert
Und wendet die Seiten um
Zu dumm!

Seit Tagen schon.
Am Ende war
Das sogar
Ein Bücherskorpion?

Ursula Schwarz

Szenen einer Ehe

Dramolett

Du mußt dich ändern
Und das sofort   sagt sie

Aber ich bin ohnehin
So gut wie ich bin.   Denkt er

Es gibt noch andere Männer   sagt sie

Dann nimm doch einen andern   platzt er heraus

Dann zieh ich eben aus,
aber schuld bist du   die tür knallt zu

Der wartet sicher auf dich   brüllt er nach

Wo sind *meine* Sachen   fährt er sie an

Die haben immer schon
Mir gehört   behauptet sie

Auch die Scheidungsurkunde
Mit meinem Namen   streitet er

Die war gar nicht auf irgend
Einem Namen, sie gehört mir   kreischt sie zurück

Und mein Sparbuch,
von dem du gesagt hast,
es liegt auf der Bank?   Brüllt er zurück

Dein Sparbuch   reizt sie weiter

Ja ausschließlich von mir verdient
Du hast es gestohlen   Triumph

104

Beweise es doch   provoziert sie
Und so weiter…

Die Feindschaft reicht inzwischen über Generationen

Ursula Schwarz

Eine fast wahre Geschichte

Ein halber Waschkorb segelt ganz verlassen
durch die Straßen.
ganz ohne Mast.
Fast.
Und wenn es regnet,
er dir begegnet,
so sei gescheit
tritt zur Seit
Passt.

Ursula Schwarz

Zwiebulitsch und Zwabulitsch
Die gingen in den Wald.
Da sagt der Zwi zum Zwabulitsch
Mir sind die Füße kalt.
Der Zwiebulitsch der zittert sehr,
der Zwabulitsch ja noch viel mehr!

Da kommt die Köchin Lobesam
Und wirft die beiden in die Pfann
Da weinten Zwi- und Zwabulitsch
Im heißen Fett vor lauter Hitz.

Doch von den beiden das Gericht
Schmeckt ausgesprochen königlicht.

Klaus J. Berndt

Karnickel-Schießen

Mal trifft man eins
Mal trifft man keins
Die Kugel ist gesetzt

Streicht ab und durch die Löffelein
Klatscht in den Klee, das Häselein
Erschreckt von dannen wetzt

Doch die Schar der Mümmelmänner
Äsen, trödeln wie die Penner
Was den Jägersmann ergetzt

Legt den Kolben an das Ohr
Korn auf Kimme überm Rohr
Dückt den Abzug durch zuletzt

Mal trifft man keins
Mal trifft man eins
Die Kugel hat`s zerfetzt

Dennis Lucas

Benebelt

Das morgendliche Gedeck
Weckt brennende Frühlingsgefühle
Doch frostiger Herbst hält Einzug
In diesen raureifen Zeiten
Im Einklang mit blauem Dunst
Verdichten sich Nebelschwaden
Es wirbelt ein Duft von frischem Gras
Der alle Sinne betäubt
Auch Tau tropft literweise
In sorgengetränkte Gefäße
Nasskalt perlt er unentwegt
In stark zerklüfteten Bahnen
Letztmalig mahnt das Feuer(-Wasser)schiff
„Signale ausgeblendet!"
Und auf den nächsten Klaren
Folgt die getrübte Sicht

Dennis Lucas

Jack the Stripper

Er lockte sie mit Schweiß
Machte sie dabei ganz heiß
Brachte sie zum Kochen gar
Und ihr Herz dem Pochen nah

Mit frenetischem Applaus
Zog er sich ganz langsam aus
Sie tobten ungebändigt wild
Das hatte seine Gier gestillt

Straffe Muskeln überall
Ohnmachtsschübe Knall auf Fall
Dieser Übermacht ergeben
Ihrer Anziehung erlegen

Saßen sie glatt in der Falle
Schließlich hatte er sie alle
Und vor Aufregung ganz stumm
Fielen sie reihenweise um

Dennis Lucas

Seniorenrenitenz

Reich ins Heim und arrogant
Verbohrt im Kopf und ignorant
Egoistisch und dement
Resistent und renitent

Hilflos, sprachlos, aber fordernd
Trostlos, kopflos, aber ordernd
Ausgeliefert, völlig irr
Oben auf und dennoch wirr

Niemals Schuld auf sich geladen
Wutanfälle, Hasstiraden
Vergangenheit bewusst verdrängt
Einsicht null, der Blick verengt

Hilfe ständig abgelehnt
Den Tod quasi herbeigesehnt
Am End auf kleinstem Raum gefangen
Mutlos, kraftlos eingegangen

Dennis Lucas

Nomen est omen

Agathe Bauer ist auf 180
Nur Reiner Zufall kann sie stoppen
Alle wollen Anna Bolika
Doch niemand Wilma Poppen

Klara Bach hat trübe Stimmung
Heide Witzka kappt das Tau
Rosa Wolke schwebt im siebten Himmel
Maria Kron ist längst schon blau

Rob Otter hält sich an die Vorschrift
Roman Schreiber lässt sich aus
Axel Schweiß ist ausgepowert
Bernhard Diener will Applaus

Mira Bellenbaum reift erst im Alter
Marie Juana beißt ins Gras
Ali Mente will nicht zahlen
Johnny Walker fehlt das Maß

Martha Pfahl ist ungebunden
Hella Koth scheint ungesund
Hans Dampf schwankt durch alle Gassen
Karo Kästchen lebt ganz bunt

Andreas Kreuz bleibt treu der Schiene
Theo Rist liebt Dennis Lahm
Fanny Knödel ist am Kochen
Und Rod Weiler ist ganz zahm

Ernst Fall probt schon lang den Aufstand
Timo Beil steht auf der Leitung
Johannes Kraut ist voll relaxed
Und über Frank Reich schreibt die Zeitung

110

Anna Nass sitzt auf dem Trocknen
Bei Claire Werk gab's einen Brand
Gerold Steiner hat ihn dann gelöscht
Und ich heiße Andy Wandt

Dennis Lucas

Verdunstungen

Wir sind ein Ozean der Zuversicht
Ein tiefes Meer der Hoffnung
Ein dunkler trüber See voll Zweifel
Ein breiter Fluss der Angst

Wir sind ein Bach im Niemandsland
Ein Rinnsal ohne Strömung
Ne Lache unerfüllter Träume
Ne Pfütze voller Schmutz

Wir sind ein Quell der Kreativität
Ein Becher schalen Beigeschmacks
Mit einem Schluck Inspiration
Und nur ein Tropfen bleibt zurück

Dennis Lucas

Wesensveränderung

In ihm bauten Spatzen ihre Nester
Elstern versteckten ihre Beute
Hier und da verirrte sich ein Fuchs
Manchmal hatte er einen in der Krone
Spechte hackten auf ihm rum
Wühlmäuse nagten an seinen Wurzeln
Auch eine Urne lag ihm zu Füßen
Wildschweine rieben ihre Borsten am Stamm
Bienen umschwärmten seine Früchte
Käfer nagten an seinen Blättern
Raupen reiften an ihm zu Schmetterlingen
Würmer durchbohrten seine Zweige
Hunde pinkelten ihn an
Katzen jagten durch sein Geäst
Eichhörnchen trieben es bis auf die Spitze
Und Liebespaare schnitzten ihr Herz in die Rinde

Kein Sturm konnte ihm etwas anhaben
Jahrhunderte lang trotzte er Regen und Wind
Er sprießte im Frühling
Verdorrte im Sommer
Welkte im Herbst
Wurde kahl im Winter
Und blühte im folgenden Jahr wieder auf

Doch eines Tages …
Es donnerte und ein Unwetter zog herein
… da traf ihn plötzlich der Schlag

Jetzt hütet er irgendeine Landesgrenze

Dennis Lucas

Im Halbschlaf

Es geht mir vieles durch den Kopf
Und auch in den Sinn
Was geschah, was ich will
Wer ich war, wer ich bin
Gedanken kreisen
Diffuses Schweifen
Aus Realität und Traum
Kaum zu begreifen
Weiß nicht, ob's Wahrheit
Oder bloß Phantasie
Manchmal abstrakt, dann konkret
In latenter Apathie
Das System fährt rauf
Ganz still und leise
Die Gedanken zieh'n noch immer
Einsame Kreise
Du kommst langsam zu dir
Wie aus der Narkose erwacht
Der Tag bricht an
Vorbei ist die Nacht
Vorbei sind die Träume
Ist Gelassenheit
Es ruft das Leben
Die Arbeit schreit
Der Geist kommt an
Im Hier und Jetzt
Nach und nach wird die Lage
Klar eingeschätzt
In den Gliedern und Muskeln
Ist Kraft vorhanden
Und los geht's!
Jetzt wird aufgestanden!

Dennis Lucas

In den Fängen der Widrigkeiten des Seins

Gebranntes Kind scheut das Feuer
Erfahrung schüchtert ein
Erziehung macht uns mundtot
Höhere Mächte machen klein

Man führt uns an der Leine
Und an der Nase rum
Ideologie wird täglich eingeimpft
Wir sind taub, blind und stumm

Man wünscht sich mündige Bürger
Doch nur zu 'nem gewissen Grad
Wer das Wort gar allzu oft erhebt
Macht damit keinen Staat

Mitläufern zollt man Respekt
Abtrünnige werden gewarnt
Rebellen heimlich be-liebäugelt
Künstler schlichtweg umgarnt

Keiner wird je im Stich gelassen
Alle stecken im gleichen Sack
Unter einer gemeinsamen Decke
Was für ein höriges Mogelpack

Wer nicht spurt, wird auf Linie getrimmt
Der Algorhrythmus lehrt uns den Takt
Man tanzt nach der Pfeife und nicht aus der Reihe
Das ist unumgänglicher Fakt

Im Gleichschritt herrscht Einheit und Konformität
Die Gruppe bietet einzig noch Halt
Man tritt anderen nicht auf die Füße
So gewinnt Uniformität an Gestalt

Gegen den Strom schwimmen ist halt zu mühsam
Wer sich auflehnt, braucht äußerst viel Kraft
Einen ebenso sehr langen Atem
Damit man's trotz Rückschlägen schafft

Viele gehen mit der Zeit langsam unter
Und geben sich schlussendlich auf
Resignieren auf ganzer Linie
So ist der Geschichte Lauf

Das Leben bekommt man geschenkt
Aber die Erde ist nur geliehen
„Wir werden als Originale geboren
Aber sterben als Kopien"

Dennis Lucas

Ein einsilbiges Leben

```
                    Job
            Stress  Zeit
            Ernst       Spiel
          Arm             Reich
        Mann                Frau
      Spaß                    Spaß
    Kind                        Kind
  Jung                            Alt
 Glück                           Pech
Mensch                             Tod
```

Dennis Lucas

Memento mori

Der Tod treibt ein seltsames Spiel
Den einen hat er überrascht
Den anderen verarscht
Und manch einer wartet auf ihn Jahre

Das Unerwartete ist sein Stil
Er kündigt sich nicht an
Er schleicht sich langsam ran
Behandelt dich wie Ausschussware

Somit schärft er sein Profil
Lässt von dieser Welt dich gehen
Die Nächsten im Regen stehen
Ungläubig, was grad ihnen widerfahre

Und so kommt er an sein Ziel
Hinterlässt stets Leid und Schmerz
Tiefe Trauer, gebroch'nes Herz
Beim Schreckensanblick auf die Bahre

Eduard Preis

Das Genick

Tief blicke ich dir in die Augen,
reiche dir mein eigenes Schwert.
Frage mich - wie du damit wohl verfährst ...
Senke den Blick.
Falle auf ein Knie.
- nicht um Gnade bettele ich.
- nicht um mein Leben.
Den Tod fordere ich.
Lege meinen Hals frei.
Ich bin bereit.

Ein Moment der Stille.
Eine Ewigkeit.

Du holst aus.
Mein Schwert.
Ich reichte es dir, fährt auf mich hernieder.
Endlich, ist alles vorbei.

Du brichst über mir ein.
Das Schwert löst sich auf, doch die Leere bleibt.

Ich lebe.

Ich liebe?

Eduard Preis

Dein Gesicht

Du drehst dich, du wendest dich.
Du wehrst dich und dennoch überkommt es mich.

Ich sehe dich, nein - träume ich?
„Ich liebe dich!"
„Doch was wenn nicht?"
„Ich sehe ihr Gesicht."

Du schläfst nicht, quälst dich.
Du weißt, sie will mich - nicht - oder dich?

„Ich hasse mich."
„Sie liebt dich."
„Es tötet mich."
„Es ist nur ein Gesicht."

Ich liebe dich!?

Eduard Preis

Der Liebe Leid

Das Auge sieht, das Herz begehrt - doch sagt das Hirn.
„Nicht, nein - nimmermehr!"

Verlust und Hoffnungslosigkeit - mein treuester Freund -
mein größter Feind.

Der Liebe Leid ist ein ewiger Begleit'.
Wann ist's so weit - wann hört es auf, all dieses Leid?

Eduard Preis

Der Seelenblick

Vereint, unfehlbar, verstehe ich dich vollkommen.
Dieses Schweigen - nein es trennt uns nicht,
es bindet dich an mich.

Welch Angst, welch Bangen, du wendest dich - zerbrichst.
Du Schweigst - doch deine Seele spricht, ich verstehe bloß nicht.

Eduard Preis

Der haltlose Halt

In deinem Arm.
Ich zerfließe.
„Halt mich" schreie ich dir wortlos entgegen.
Ich schmelze.

Still hältst du mich im Arm.

Ich sterbe und blühe dennoch auf.
Dein Sein gibt mir Kraft und dennoch falle ich hinab.

Kralle mich in dich, lasse nicht los.
Verbissen, verbittert, blind, blicke ich auf und finde den Trost.

Gibst mir Halt - auch wenn du bist längst für mich tot.

Eduard Preis

Dein Bild

Eine vergessene Fata Morgana,
Entfaltet erneut zum letzten Mal ihren Glanz.
Stellt mich, stellt meine Welt,
nochmal auf in einer unmöglichen Bilanz.
Nichts und alles hat und verliert Relevanz.
Vorbei der unsrige Tanz - vergangen jene Romanz'.

Dennoch blicke ich dich an -
Sind die bittersten Tränen nicht schon gerannt?
Die Erinnerung, du, auf Ewig in mir gebannt.
Dennoch blicke ich dich an -
Erinnere mich an einen längst vergessen Traum.

Sehe dein Gesicht.
- deine Augen.
- dein Haar.
- deine Lippen.
Flehe mal wieder einen jeden Gott an:
„Ich will, dass es wird (wieder) wahr!"
Weiß gleichzeitig, dass es ist mehr als bizarr.

Ich blicke mich an und sehe dich neben mir.
Nun weiß ich: Ich vergesse dich nicht!
Denn - ich liebe dich - ewiglich!

Eduard Preis

Indirektes Hofieren

Systematisches Spiel
- das manisch dich zum Lakain denunziert.
Erkennst du das Ziel,
- so fehlt nicht mehr viel.
Doch wer hofiert und wer verliert?
Je nachdem wie wer spielt
- wird daraufhin passend, unterschiedlich reagiert.
Ja - das Spiel variiert und dennoch ist es nicht nur verwirrend.
Ja, manchmal ist doch irritierend aber doch so motivierend.
Man will, muss triumphieren
- und kann dennoch nur verlieren?

Schüchternes Anstieren, Bewusstes Verwirren,
Leichtes Touchieren,
Bewusstes Manövrieren,
Wichtig dabei - die Manieren!
Nicht zu vergessen, den Körper
- doch viel mehr den Geist -
zu trainieren.
Nicht gieren.
Nicht Andere präferieren.
Höflich genieren.

Es akzeptieren - ja auch damit beginnen -
oder doch lieber - stillschweigend verbittert resignieren
- und versuchen den Andern, sich selbst, zu ignorieren?

Eduard Preis

Kuss und Kuss

Was unterscheidet einen Kuss,
von einem Kuss,
besitzt er mehr Lust.
Ist der eine mehr ein muss
und nur ein Trugschluss?
Wie werde ich mir dessen bewusst,
was ich erlebe gerade für einen Kuss.

Ist er mit diesem speziellen Schuss.
Ist er voller Genuss?
Ist er wie ein unstillbarer Durst,
mit dem du dir die Kehle zuschnürst
und dennoch so verdammt viel verspürst.
Oder doch eine Tilgung deines Verdruss.

Versinkst du vollkommen in ihm,
bist du nur für ihn da.
Gibst du dich diesem Kuss voll
und ganz hin und wirst dir nun der Wirkung endlich gewahr.
Ist es nicht einfach bizarr,
wie rar solch ein richtiger Kuss ist.
Meist bist du doch nur ein flüchtiger Schmus
und kein wahrer Kuss.

Schluss mit dem Schmus,
es wird Zeit für den wahren Kuss.
Doch bedenke er ist kein muss,
er entsteht aus der Lust!

Er soll nicht besänftigen deine Unlust
sondern dich bringen in den Fluss
und gleichzeitig rausreißen aus jeglichem muss
- nur dieser eine Kuss.

Eduard Preis

Schweren Herzens

Leichtsinnig der Griff zum altbekannten Buch.
Ewiglich blieb's unberührt.
Dein Hauch ist nämlich immer noch zu spüren.
Damals hab' ich dir vorgelesen.
Dachte - dies wäre vielleicht längst vergessen.
Nun - falsch bemessen.
Erinnere mich, wie die Geschichte uns beide fesselte.
Wie wir uns dort begegneten.
Wie sich die Arme umeinander legten.
Und wir beide in unserem eigenen Himmel schwelgten.
Du nicht selten dabei
- in meinem Arm einschliefst
- nur eine Geste, nichts weiter, und dennoch so viel.

Vorbei.
Wie du, wie Sie, den meinen Namen riefst ...
Gott, wie sehr verfluche ich dich!
Gott, wie sehr vermisse ich dich!
Dennoch ein dich und mich
- das gibt es nicht!
Also schließe ich dich erneut
- voll Tränen in den Augen, ja schwersten Herzens - wieder weg.
Ich leg' das Buch beiseite.
Und beginn erneut zu schweigen.

Eduard Preis

Die Droge II (Liebe)

Kein Entzug, kein Entkommen.
Ich bin von dir nicht nur benommen.
Ich bin von dir eingenommen.
Du bist nämlich vollkommen.

Die Sehnsucht, die Qual,
es gibt keine Wahl.
„Ich bin dir verfallen!"
Doch linderst du meine Qualen?

Du willst dieses Leben ermalen.
Du würdest alles dafür bezahlen.
„Du willst (nicht) aufhören zu fallen?"

Dann musst du dich von der Droge befreien!
Doch das würdest du dir selber niemals verzeihen.

Rüdiger Kolb

Baumwissen

Moderne Bäume
Traversieren kalten Strom
Zur heißen Wärme
Rostend

Alte Bäume
Fallen gelassen
Ihr Blätterkleid im Herbst
Modernd

Wohlwissend
Dass Schnee und Eis
Schon manchen Baum
Fallen ließ

Was für ein Wissen!
Was für ein Bewusstsein?
Unendlich alt

Rüdiger Kolb

Die Muck (Mücke)

Die Muck muckt
So lang sie brummt

Bis bumm!
Daneben
sie noch muckt

Gekitzelt dem Schlaf entrissen

Bis bumm!
Sie nicht mehr muckt
Und Schlaf gegeben

Manuela Angelika Rapino

Das Glöckchen des Heiligen Andreas

Ein Träumer
auf des Gartens Blumenschemel,
fand sich nachts im Schoße
einer Glocke wieder,
als Genius
einer würd'gen Göttermacht.
So gab Schlosses Tor
der Bayer,
den Weg
zum Himmelsbette wieder
mit Petris Schlüssel,
dem Bein und Marke
bald'gem Glockengangs
und sel'ger
Grafenschaft.
Des Kriegesplan
ist es wohl geblieben,
den linken Flügel aufzulösen
und dem Spanner
die Schäferstund' zu trau'n,
die gleich
nur einer Busenliebe
und einer Stummgebor'nen,
Spott und Hohn
gebliebet.

(Zutaten für das Früchtebrot)
150g ganze Mandeln, 250g getrocknete,
zerkleinerte und entsteinte Pflaumen,
ca. 250g Honig, ca. 2 EL Mehl;
miteinander vermischen und
in kleinere, runde mit Backpapier
ausgelegte Backformen
ca. 30 min ausbacken.

Inhalt

132

Autorinnen und Autoren stellen vor:

Franz Alt, Rudolf Bahro, Marko Ferst: Wege zur ökologischen Zeitenwende. Reformalternativen und Visionen für ein zukunftsfähiges Kultursystem, 340 Seiten, Edition Zeitsprung, Berlin 2002, 21,90 €

Burkhard Bierhoff, Marko Ferst, Rainer Funk u. a.: Erich Fromm als Vordenker. „Haben oder Sein" im Zeitalter der ökologischen Krise, 224 Seiten, Edition Zeitsprung, Berlin 2002, 15,90 €

Andreas Erdmann, Marko Ferst, Monika Jarju u.v.a: Die Ostroute. Erzählungen, 256 Seiten, Edition Zeitsprung, Berlin 2014, 16,90 €

Marko Ferst: Jahre im September. Gedichte und Erzählungen, 212 Seiten, Edition Zeitsprung, 2017, 11,90 €
Marko Ferst: Republik der Falschspieler. Gedichte, 172 Seiten, Engelsdorfer Verlag, 2007, 11,60 €
Marko Ferst: Umstellt. Sich umstellen. Politische, ökologische und spirituelle Gedichte, 160 Seiten, Engelsdorfer Verlag, Berlin 2005, 11,20 €
Marko Ferst: Täuschungsmanöver Atomausstieg? Über die GAU-Gefahr, Terrorrisiken und die Endlagerung, 136 Seiten, Edition Zeitsprung, Berlin 2007, 9,95 €
Leseproben und Bestellung: www.umweltdebatte.de

Rüdiger Kolb: Wo die Weite weder Füße trägt nur die Träume", 119 Seiten, Verlag Bücher Dörner, Wiesloch, ISBN 978-3-946174-02-8, 12,90 €
Rüdiger Kolb: Ahol a madar sem, csak az almok jarnak, Verlag Magyar Kepek/Hungarian Pictures, Budapest, ISBN 978-963-9439-91-7

Michael Wies: Es war Liebe auf den ersten Blick, 18 Seiten, Kindle Edition, 1,99 €
Michael Wies: Und es immer noch Liebe. 44 Seiten, Kindle Editionm 1,99 €

Literaturpodium

Bei uns können Sie Gedichte, Erzählungen, Essays, wissenschaftliche Beiträge, Märchen, Fantasiegeschichten, Haiku, Aphorismen, Reisereportagen etc. in verschiedenen Buchprojekten veröffentlichen. Die Bücher werden gegenseitig mit Anzeigen beworben und im Internet präsentiert. Sie sind in vielen Ländern lieferbar. Auch eigene Gedichtbände, Romane etc. können publiziert werden.

Mehr Informationen unter:

www.literaturpodium.de

Seltenes spüren

Gedichte

**Ulrich Grasnick, Elisabeth Hackel, Günter Kunert,
Marko Ferst, Dorothee Arndt, Charlotte Grasnick u.v.a.**

268 Seiten, 2014

Erleben Sie den Inkafrühling in Peru. Versunkenen ägyptischen Schätzen wird nachgespürt. Monets Garten lädt ein und dem Duft einer französischen Bäckerei folgt ein Gedicht. Der Berliner Dom spiegelt sich nicht mehr im Palast. Zahlreiche surreale Gedichte enthält der Band, vereinzelt auch gereimte. Ein Besuch bei Heine steht an, versteckt liegt sein Denkmal. Den Szenarien der Krieger geht ein Lyriker auf den Grund, von weidwundem Land berichtet ein Gedicht für die Erde. Letzte Bienenwagen kommen in den Blick, Ausflüge führen ins Känguruland. Die Sonnenpost läßt uns Entfernungen vergessen. Der vorliegende Band ist eine Gedichtsammlung des Köpenicker Lyrikseminars und der Lesebühne der Kulturen Adlershof. Gäste wurden eingeladen. Grafiken von Dorothee Arndt illustrieren den Band. Das Lyrikseminar existiert seit 1975 und publizierte bereits mehrere Anthologien.

Leseproben: www.umweltdebatte.de
Bestellung: marko@ferst.de (dt. Porto frei)

Anmerkungen zum Sonnenstand

Gedichte

Martin Westenberger

100 Seiten, 2018

Direkt und teilweise ruppig, immer aber authentisch und aus dem Leben gegriffen geht es in den Gedichten von Martin Westenberger zu. In seiner neuesten Sammlung „Anmerkungen zum Sonnenstand" taucht er in ein großstädtisches Milieu ein, das uns alle angeht, und formt lyrische Bilder, denen man sich als Leser nicht entziehen kann.

Rainer Vollmar

Martin Westenberger studierte Germanistik, Kunsterziehung und Soziologie. Während seines Studiums arbeitete er u.a. als Roadie, Filmvorführer und Taxifahrer. Seit vielen Jahren ist er als Disponent in der Filmbranche beschäftigt. Lebt in Frankfurt am Main.

Leseproben, Kontakt: www.martinwestenberger.com

Jahre im September

Gedichte und Erzählungen

Marko Ferst

212 Seiten, Edition Zeitsprung, 2017

Über Ostseeinseln wie Öland und Usedom streifen die Gedichte. Sie führen in die schwedische Schärenstadt sowie nach Buchara, Samarkand oder in den Ural. Magische Ausflüge in die Natur und Tierwelt tauchen auf. Gedichte zu Musik, Literatur und Malerei reichern diesen Lyrikband an. Unter die Lupe genommen wird der Drang der Regierenden, uns mehr und mehr auszuspionieren. Kritik zieht das gescheiterte Afghanistan-Abenteuer auf sich, das syrische Totenfeld wird umrissen. In Bangladesch zeichnen sich weitere Landnahmen des Meeres ab, Wasserstände, die mit unserem verschwenderischen Lebensstil im Norden verbunden sind. Sondiert wird, warum unsere Zivilisation ökologisch zu scheitern droht, sich längst im Spätstadium befindet. In der Arktis zeigt sich, wie weit das Vorspiel zum Klimaumsturz schon gediehen ist. Spitzbergen archiviert unsere letzten genetischen Hoffnungen. Den Spuren und Abgründen einer mysteriösen Krankheit wird nachgegangen. Der Band enthält zwei Erzählungen - eine arktische Begegnung zwischen weißen Raubtieren und einen Blick in das sowjetische Speziallager Sachsenhausen.

Leseproben: www.umweltdebatte.de Bestellung: marko@ferst.de

Im Mosaik der syrischen Spuren

Gedichte

Edda Gutsche, Dirk Tilsner, Ralf Burnicki u.v.a.

420 Seiten, 2018

Mancher würde gerne Datteln im Garten ernten. Wann gibt es Frieden in Syrien?, doch was für ein neues Joch rückt im Schatten nach? Palmyras Säulenstadt in Wüstenarealen widmen sich Gedichte, Homs, Aleppo oder Damaskus rücken in den Brennpunkt. Gedichte zu unterschiedlichsten Aspekten des syrischen Dramas durchziehen den Band an zahlreichen Stellen, aber auch an die Levante vor dem Krieg wird erinnert. Reisenotizen führen in die Normandie, Küstenlandschaften kommen in den Blick. Istanbuler Stadtgassen und Basare ziehen vorüber. Lyrische Anleitungen zum Orgelbau halten sich parat. Der deutsche Philosoph Fichte, erster Rektor der Berliner Universität, wird aus polnischer Perspektive gewürdigt. Wie sich unser Treibhaus schließt und ein Spott auf Brückentechnologien beschreibt ein Gedicht und gibt Aussicht auf eine solare Republik. Ein Abgesang auf den Reim im Gedicht will gerade diesen gefördert wissen, in dem es ihn scheinbar abschreibt. Lichtweber vagabundieren, verpassen Züge, sind auf Exkursion. Einige leicht erotische Beiträge lockern auf. Espressogesänge und deren Salto mortale werden zelebriert. Eine weiße Amsel fliegt davon.